教育現場の「コンピテンシー評価」

●「見えない能力」の評価を考える

渡部信一 編著 Shinichi Watabe

ナカニシヤ出版

はじめに

近年、「教育」の現場でも「コンピテンシー」という言葉をよく耳にするようになった。「コンピテンシー（コンピテンス）」は、もともと「経営学」の領域で盛んに議論されてきた概念である。ハーバード大学の心理学者マクレランド（McClelland, D.）とその共同研究者スペンサー（Spencer, L. M. & Spencer, S. M.）らは、従来の知能テストの結果や学校の成績では就職した後の仕事の業績は予測できないと考えた（スペンサー&スペンサー 二〇〇一）。つまり、「仕事ができるか、できないか」は従来のテストで計れるような知識やスキル（技能）が重要なのではなく、性格的・身体的な「特性」や「動機」など、つまり「コンピテンシー（コンピテンス）」が重要であると主張した。知識やスキル（技能）は客観的に測定可能であり、また目で見ることが比較的容易である（一般に「パフォーマンス」と称される）。しかし、性格的・身体的な「特性」や「動機」などは仕事の業績に大きく影響するにもかかわらず、その評価は困難であり潜在的なものである（これが一般には「コンピテンシー」あるいは「コンピテンス」とされる）。

例えば、企業における人材育成を考えた場合、商品に関する知識や営業の仕方などは社内教育により獲得させることが可能である。しかし、商品開発のためにチームで協力してアイディアをまとめたり、営業におけるさまざまなトラブルを臨機応変に処理したりするためには単に知識やスキル（技能）を学べばよいというものではなく、もともとその人がもっている「コンピテンシー」が重要になる。企業側の立場に立てば、入社の時点でこうした「コンピテンシー」にすぐれた人材を選考することが、人材育成のためのコスト面からいっても重要である。つまり、スペンサーらがいうように「たしかに七面鳥に樹に昇ることを教え込むことも可能かもしれないけれど、りすを採用した方が手っ取りばやい」のである（スペンサー&スペンサー 二〇〇一）。

経営学領域で「コンピテンシー」の研究が始まったのは一九七〇年代で、その研究成果は、例えばアメリカでは一九九〇年代以降から応用され始め、現在でもビジネスの現場で多くの議論が行われている。

その「コンピテンシー」が近年、「教育」の現場でもしばしば議論されるようになっている。それは、企業において生産性を高めるための「コンピテンシー」という概念が、「教育」においても「効果的・効率的な学習」を促すために活用され始めたことを意味する。その背景には、近年の「学習評価」における三つの傾向があると、私は考えている。

①グローバル社会を背景として、「学習評価」の国際比較が盛んに行われるようになったこと。
②ICT活用が教育現場に浸透し、客観的かつ効率的な「学習評価」が容易になったこと。
③これまで中心とされてきた「学力」に加え、対人関係や人格特性・態度などのいわゆる〈新しい能力〉の評価が着目されるようになったこと。

第一の傾向を象徴しているのが、経済協力開発機構（OECD）が二〇〇〇年から実施している「国際的学習到達度調査（PISA）」である。これには、経済のグローバル化を背景に、世界各国の教育を共通の枠組みに基づき国際比較することで、加盟国の教育的発展、そしてそれに直結する経済的発展を支援するという意図がある。これによって「学習評価の国際比較」という考え方が世界中に浸透した。

第二の傾向である「教育現場におけるICT活用」では、例えば「eポートフォリオ」などが教育現場において広く普及しており、学習過程や学習成果をデジタルで記録することによって「客観的・分析的な学習評価」を可能にしていることが挙げられる。

そして第三の傾向として、学校教育における評価対象の拡張がある。つまり、これまでの学校教育では「学力」に代表される知識・スキル（技能）を客観的・分析的に「評価」して指導の対象にすることが中心とされてきた。しかし近年、「やる気」などの情意的側面やコミュニケーションなどの社会的側面を含む「人間の能力全体」、いわゆる〈新しい能力〉に着目した「評価」が盛んに議論されている（渡部 二〇一五）。これまでの「教育」では、教師がもっている知識やスキル（技能）をできるだけ正しく効率的に学習者に伝達することに主眼が置かれていた。しかし、学習者自身の「主体的な学び」の重視や「アクティブラーニング」を授業のなかに取り入れてゆこうとする教育界全体の大きな流れのなかで、対人関係や人格特性・態度などいわゆる〈新しい能力〉と称される学習者の側面も評価の対象とし、教育の対象にしようとする傾向が強まっている。

以上三つの傾向が、教育現場においても「コンピテンシー」を評価の対象としてゆこうとする背景になっている。

本書は二部で構成される。第Ⅰ部では、教育現場における「コンピテンシー」の評価に対して、実際にさまざまな教育現場で活躍なさっている先生に執筆をお願いした。どの先生も「コンピテンシー」の重要性を指摘しており、また「コンピテンシー」の評価に関してもそれぞれの立場から深く検討している。第Ⅱ部では、第Ⅰ部のさまざまな教育現場における検討をふまえ、渡部が「コンピテンシー評価」の本質について検討した。

学校教育の現場において「学習評価」を重視する傾向がますます強まるなかで、「見えない能力」、そして「コンピテンシー」に対する評価について、一度立ち止まって考えてみたい。

【文　献】

スペンサー・L・M、スペンサー・S・M／梅津祐良・成田　攻・横山哲夫［訳］（二〇〇一）『コンピテンシー・マネジメントの展開―導入・構築・活用』生産性出版

目次

第Ⅱ部　「コンピテンシー評価」の本質にせまる

第Ⅰ部　教育現場における「コンピテンシー」の評価

第1章　熟年教師が語る「見えない能力」の教育と評価

植木克美

本章では、経験豊かな熟年教師の「見えない能力」についての語りから、教師が認識している「見えない能力」に迫っていく。彼らが語る「見えない能力」の本質とは、多様な文脈で表出され「厳格な評価」が難しい子どもの能力（例えば、主体的に行動する力）や若手教師の力（例えば、聴く力と受け止める力）、すなわちコンピテンシーのうち、教師が経験を重ねるなかで〈みる〉ことができるようになっていく能力にある。

第1節　はじめに

◉これからの時代の学校教師に必要とされる「見えない能力」とは？

教育は次世代育成の場であるが、今日、日本の学校教育はいじめや不登校、貧困、そして発達障害等の支援を必要とする児童生徒への対応、保護者対応などの多様な教育課題を抱えている。このような教育実践の臨床的課題に加えて、急速に変化する社会の潮流に対応する新たな教育課題としてアクティブ・ラーニングの充実やＩＣＴを活用した指導方法、道徳教育の充実や小学校における外国語教育の早期化・教科化などに取り組む力が学校教師に求められている。以上の背景をふまえて、日本の教育の振興について審議を行う中央教育審議会は、二〇一二（平成二十四）年八月に『教職生活の全体を通じた教員の資質能力の総合的な向上方策について（答申）』（中央教育審議会二〇一二）を、また、二〇一五（平成二十七）年十二月には『これからの教育を担う教員の資質能力の向上について―学び合い、高め合う教員養成コミュニティの構築に向けて（答申）』（中央教育審議会二〇一五）をまとめ、教員の資質能力向上に関する改革の具体的方向性を打ち出している。そこではこれからの時代の教員に必要な資質能力として、自律的に学ぶ姿勢や情報を適切に収集し活用する能力、多様な専門性をもつ人材と組織的・協働的に教育課題の解決に取り組む力などが挙げられている。

これらの資質能力は教職生活の全体を通じて生涯にわたって高められていく力として捉えられ、本書のテーマである「見えない能力」および「見えにくい能力」（以下、「見えにくい能力」も含めて「見えない能力」と記す）、すなわちコンピテンシーそのものと考えられる。「見えない能力」は多様な文脈で表出されるため「厳格な評価」は困難である。教師はこのような特徴の「見えない能力」を、教職経験を積み重ねていくなかでいかに認識し、どのように身につけていくのであろうか。また、そもそも「見える能力」、つまり本書で定めるところのパフォーマンスと、「見えない能力」であるコンピテンシーとの関係をどのように捉えているのであろうか。

◉本章で取り上げる熟年教師が語る「見える能力」と「見えない能力」について

筆者はこれまでに、保護者対応の能力が教職経験の深まりとともに変容していく学習過程を熟年教師を対象にしたインタビュー調査から明らかにしている。保護者対応は経験を積んだベテラン教師にとっても難しいとされ、若手教師にとってはより大きな困難になるという（中原他 二〇一五）。筆者の研究協力者である経験豊かな熟年教師の多くが、保護者対応の能力は経験によって培われると語っている。若手教師を間近で観察している熟年教師は、困難が予期される保護者対応を若手教師が自分ひとりでできる能力よりも、むしろ若手教師が困った時に同僚教師に相談できる力を大切にしている。そして、保護者の気持ちを知ろうとする態度や学ぶ気構え、責任感といった「見えない能力」を、教育実習生や若手教師にとっても若いなりに必要なものとしている。

本章ではまず、熟年教師に対するインタビューから、彼らが語る児童の「見える能力」と「見えない能力」を検討する。次に、彼らが若手教師を指導していて感じたり、あるいは自分自身の若手期をふりかえるなかで考えたりした「見える能力」と「見えない能力」、特に保護者対応に関する教師の「見えない能力」の教育と評価について示す。これによって、熟年教師が語る「見えない能力」の本質に光をあてていく。

最初に、本章で使用する「見える能力」と「見えない能力」の扱いを説明しておく。まず、経営学におけるコンピテンシー研究の潮流をつくり出したマクレランド（McClelland, D.）の共同研究者であるスペンサーら（Spencer, L. M. & Spencer, S. M.）の「コンピテンシーの氷山モデル」をふまえて、「見える能力」を水面から顔を出した氷山の上部にあたる可視的な能力（スペンサーらはスキル、知識をここにおいている）、すなわちパフォーマンスとする（スペンサー&スペンサー 二〇〇一）。この「見える能力」は表出されるものであり、したがって多くの人が観察可能な能力として扱うことができる。

これに対して、「見えない能力」を水面に隠れた氷山の下部にあたる潜在的な能力（スペンサーらは自己イメージ、特性、動因といった中核的パーソナリティをここにおいている）、つまりコンピテンシーとする。こちらの「見えない能力」は多様な文脈のなかで表出されものであり、「厳格な評価」が困難な能力として扱う。熟年教師のインタビューデータのなかから児童の「見える能力」と「見えない能力」、および若手教師の「見える能力」と「見えない能力」にふれている語りを抽出し、以上の枠組みを使って整理しながら、「見えない能力」の本質にアプローチしていくことが本章の目的である。

なお、本章で取り上げる経験豊かな熟年教師のインタビューは、筆者が取り組んでいる『小学校教師の保護者対応における変容プロセスと世代継承性に関する研究[1]』で実施されたものの一部で、インタビューは教職経験二十年以上の小学校に勤務する四十歳代から五十歳代の熟年教師を対象とした。なお、レコーダーから書き起こした文章表現の一部は、内容を変えないように配慮しながら修正している。また、ここに登場する熟年教師に記した教職経験年数はいずれもインタビュー調査時のものである。

第２節　熟年教師が語る児童の「見える能力」と「見えない能力」

◉テストの点数に現われる学力という児童の「見える能力」とそれを支える「見えない能力」

図１・１が、熟年教師が語る児童の「見える能力」と「見えない能力」である。スペンサーらの氷山モデルになぞらえて図解化してある。氷山の水面より上の部分に「テストの点数に現われる学

力」が顔をのぞかせ、水面下にある氷山の基底部は「他の子どもと友好的な関係を形成する力」、「自律的・主体的に行動する力」、そして、人としての基本的欲求である「教師や学校に対する安心感を求める力」によって形作られている。ここでは、三人の熟年教師の語りを紹介しながら、経験豊かな教師が「見える能力」だけで児童を評価しているわけではなく、「見えない能力」との関係から評価し教育していることを説明したい。

最初に紹介するのは、A先生（教職経験三十七年目）である。A先生が熟年にさしかかった時に勤務した学校は教育熱心な保護者が多かった。数年で首都圏に戻っていく転勤族の保護者たちが「学力をつけてください」と言った時のエピソードを、次のように

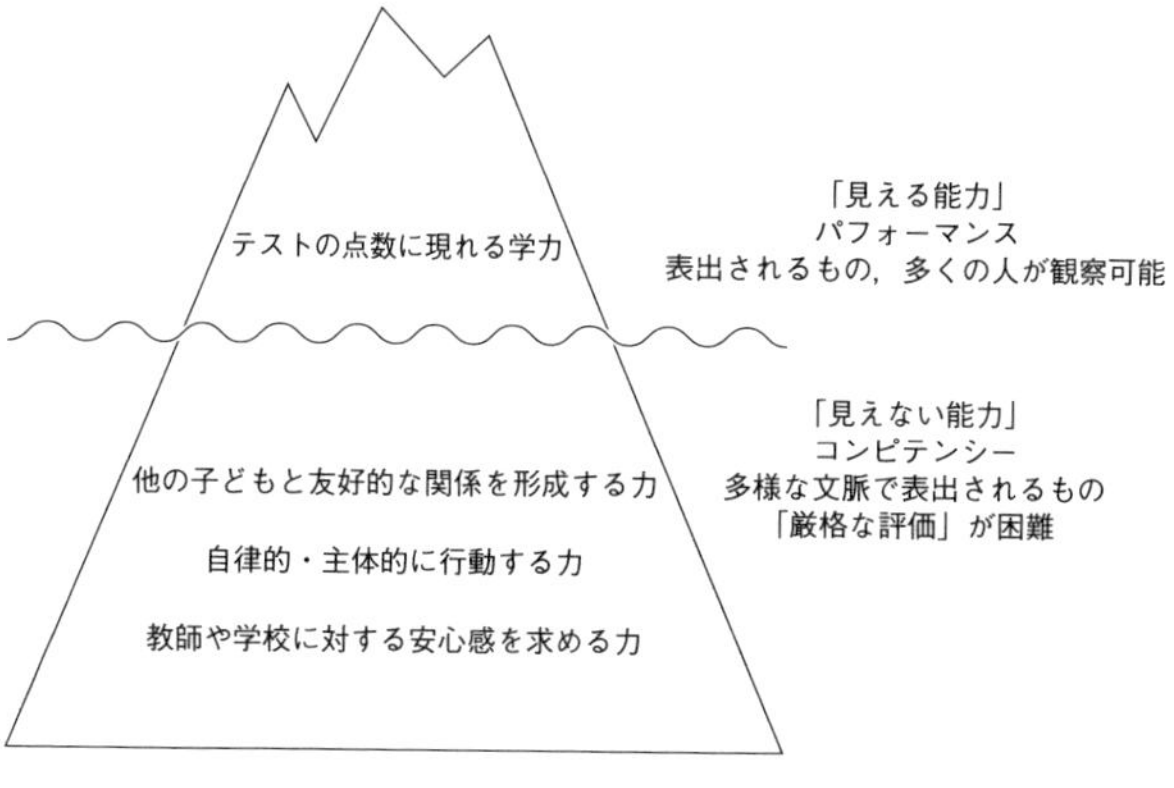

図1・1　熟年教師が語る児童の「見えない能力」と「見える能力」

（1）『小学校教師の保護者対応における変容プロセスと世代継承性に関する研究』（平成二十六年度 科学研究費助成事業 基盤研究（C）課題番号26350304　研究代表：植木克美）本研究は、北海道教育大学研究倫理委員会の承認を得て実施している（北教大研倫2014050001）。

ふりかえり語っている。

保護者が「学力をつけてください」というときの学力って、例えば算数なら式があって答えがあって、そこで○がつくかつかないかなんです。式を書いて答えを出すだけだったらそれだけ訓練すればたしかにできるようになるし、点数はとれるようになるはず。だけど私が大事にしたいのはそこじゃないんです。問題を解くのにもみんなで意見を出し合って考えていく、そういうふうにしながら子ども同士がかかわることや、子どもたちで学び合うことを大事にしたいってことを保護者のみなさんにたくさん話すようにしました。

この語りからは、保護者はテストの点数に現われる学力という「見える能力」を強く意識しているが、経験を重ねている教師は学力を単にテストで高い点数をとる能力と捉えているわけではなく、子ども同士のかかわり合いやそこで生成されていく共同的な学び合いを通して育成される学力を大切にしていることがわかる。そして、この子ども同士のかかわり合いは、児童が他の子どもと友好的な関係を結ぶ力、すなわち「見えない能力」を身につけていくことにつながるとA先生は考えている。

◉児童の「見えない能力」
——他の子どもと友好的な関係を形成する力と自律的・主体的に行動する力

次に紹介するB先生（教職経験二十四年目）も、他の子どもたちと友好的な関係を形成する力を取り上げている。

Ｂ先生は中堅にさしかかる時期に勤務した学校で、保護者から強い期待を寄せられている男子児童に出会った。児童は、「勉強はそこそこできるが、今一つ伸び悩んでいた」とされ、表情は乏しく自分の意志で行動することが少なく、いつも一人で静かに勉強しており、他の子どもたちと遊べないことをＢ先生は心配していた。このように、Ｂ先生は他の子どもたちと友好的な関係を形成する力と合わせて、自律的・主体的に行動する力である「見えない能力」を評価していることがわかる。

◉児童の「見えない能力」――教師や学校に対する安心感を求める力

さて、図１・１の「見えない能力」には、他の子どもたちと友好的な関係を形成する力と自律的・主体的に行動する力に加えて、教師や学校に対する安心感を求める力がおかれている。これは、マズローの五つの基本的欲求の一つである安全と安心の欲求に相当すると考えられ、人間の生存にかかわる欲求である（マズロー 一九八七）。教師や学校に対する安心感を求める力を、Ｃ先生（教職経験三十年目）が中堅期に勤務した学校の児童に関する語りから説明していく。Ｃ先生は赴任した当初、この学校の児童たちは「テストの成績もよく弁も立ち、大人びた感じを受けた」という。しかし、児童とのかかわりを深めていくなかで、この学校の児童も、他校の同年齢の児童と同様に、教師には安心感を求めていることに気づいたのである。このことをＣ先生は次のようにふりかえっている。

　彼らは生意気なことも言うし、りっぱなこともしているように見えるけど、実は学校に求めているっていうか、担任の先生に求めているのは息抜きであったり安心感であったり、それは実は他の学校の子どもたちと変わらないんだなってふと気づくんです。

◉教師が児童の「見えない能力」に気づくこと

C先生はこの気づきを得るのに三年という長い時間を要している。それ以前は、彼らの「見える能力」であるテストの点数に現われる学力に働きかけようと難易度の高い授業内容に取り組むことに腐心したが、子どもたちと親密な関係をつくることに困難を極めていた。しかし、子どもたちが求めているものが安心感であり、テストの成績に現われる「見える能力」の背後にある大切な「見えない能力」、すなわち安心感の欲求に気づくことで困難を乗り越えることができたという。興味深いことは、このことに「ふと気づく」ということであり、目の前にいる成績のよい子どもと他の学校の子どもの間に相似的関係が成り立つというアナロジーによる思考が働いている。松崎（二〇一二）はアナロジーを「二つの物事の間に類比の関係を見つけていく類推思考である」と説明している。そして、アナロジーによる思考が活性化することで、一つの授業の改善が他の授業の改善に結びついていったことを示している。実際、C先生のアナロジーによる思考は保護者とのかかわりでも働き、この学校の教育熱心な保護者も他の学校の保護者と同じように子どもが安心して学校に通えることを第一に大切にしているという認識をもてたことで、保護者との関係も良好なものへと変えていくことができたという。このように教師のアナロジーによる思考の活性化は、児童の「見えない能力」、すなわち教師が認識できていない、あるいは認識していない能力を認識すること、気づくことに役立つと考えられる。

◉児童の「見えない能力」の評価と教育

ところで、教師は認識した児童の「見えない能力」をどのように教育していくのであろうか。児童の主体性の乏しさを気にかけていたB先生は、児童が「絵を描くことがすごく好きだった」と語り、児童の様子を観察することで、絵を描くという好きな行為（パフォーマンス）に児童の自律的・主体的に行動する力である「見えない能力」が発揮されていることをみとっていた。この児童の場合、主体性は学習場面や学級活動の文脈では現われないが、絵を描くという文脈のなかに現われていることが理解できる。

このように、B先生は主体性という「見えない能力」を複数の文脈のなかで評価していることがわかる。残念ながら、児童の主体性を多様な文脈のなかで表出できるように育てることは、当時、若手から中堅への移行期にあったB先生には難しく、「まだ若かったせいもあって」、「望ましいかたちにはできなかった」と後悔の気持ちをもって語っている。

「見えない能力」の評価と教育については、若手教師の「見えない能力」を取り上げていくなかで、さらに詳しくみていきたい。

第３節　熟年教師が語る若手教師の「見える能力」と「見えない能力」
――保護者対応の能力より

◉若手教師の三つの「見える能力」と四つの「見えない能力」

図１・２は、熟年教師が若手教師を指導していて感じたり、自分自身の若いころをふりかえるなかで考えたりした保護者対応において、若手教師に必要となる「見える能力」と「見えない能力」を示したものである。なお、これらの能力は熟年教師が若手教師に求める能力であり、保護者対応において必要となる能力全てを網羅しているものではない。この図１・２も図１・１と同じく、スペンサーらの氷山モデルに合わせて図解化した。ここでは、図１・２の上下においた二つの氷山モデルのうち、上段のモデルを使って説明していく。上段のモデル図には、氷山が水面から顔を出している部分に「見える能力」三つを、水面下に隠れた部分に「見えない能力」四つを布置している。

まず、若手教師の「見える能力」には、日常生活に必要な基本的コミュニケーションスキル、そして、判断する力と相談する力の三つをおいた。一つ目の基本的コミュニケーションスキルとは、気持ちのよい挨拶をすること、返事をすること、丁寧な受け応えをすること、話すこと、伝える必要のあることを伝えることなどである。これらは保護者に対応する時に必要とされるものであるが、日常生活のさまざまな場面で人として求められるコミュニケーションスキルでもある。そして、二つ目の判断する力とは、若手教師が自分で応えられないことは保留することであり、三つ目の相談する力とは同僚教師に聞いてみること、相談することである。保留したことを同僚教師に相談する

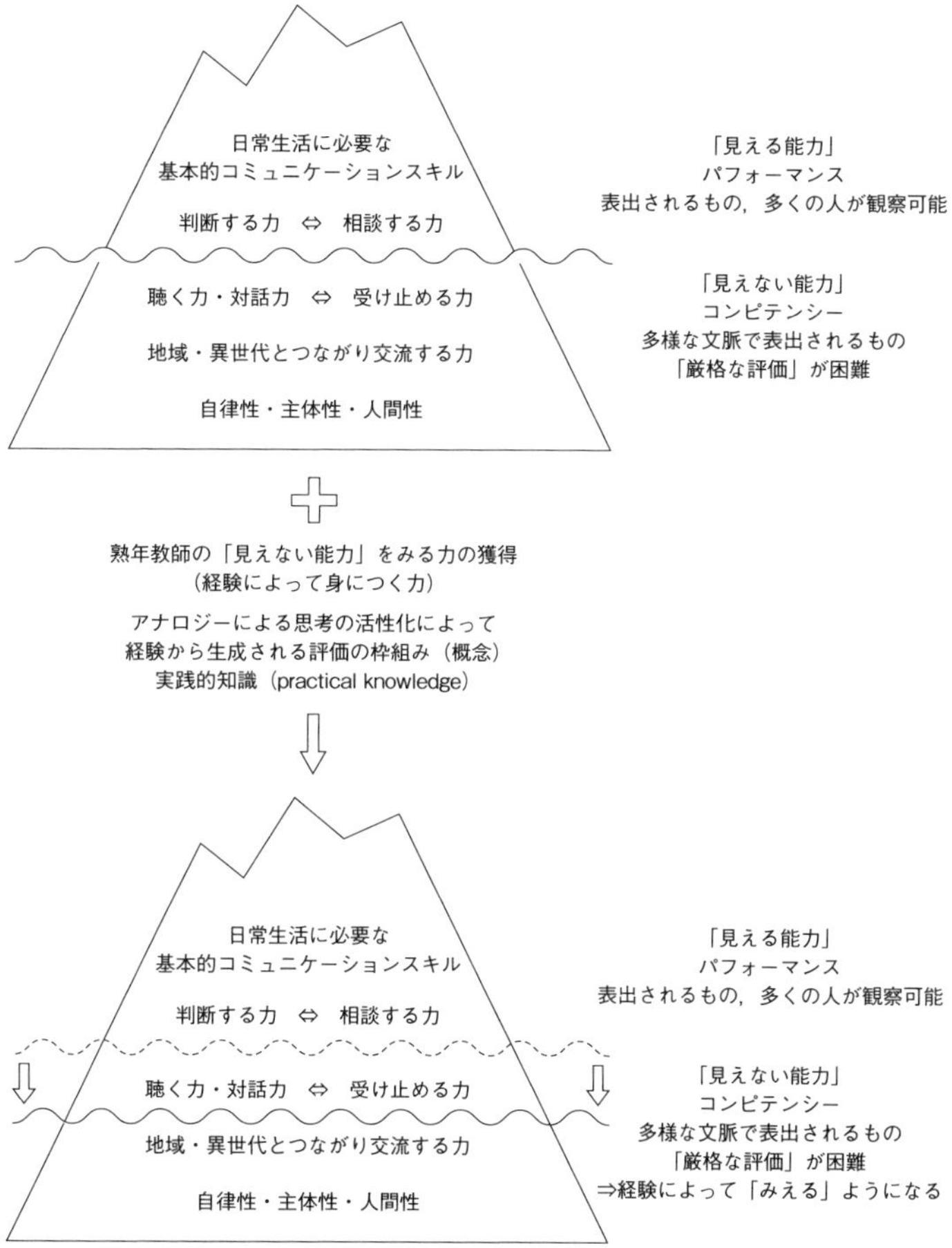

図1・2　熟年教師が語る若手教師の保護者対応における「見えない能力」と「見える能力」

という意味において、判断する力と相談する力は対の関係にあるといえる。

一方、若手教師の「見えない能力」には、聴く力・対話力と受け止める力、そして、地域・異世代とつながり交流する力、さらに、自律性・主体性・人間性の四つをおいた。まず、一つ目の聴く力・対話力とは保護者の話に耳を傾けて一生懸命に聴くこと、本音を聴きとることである。二つ目の受け止める力とは思いを受け止めることであり、聴く力・対話力と対の関係にあるといえる。この二つの力はインタビューに応えている全ての熟年教師が取り上げており、その意味でキー・コンピテンシーといってよいであろう。三つ目の地域・異世代とつながり交流する力とは地域に入っていくこと、異世代とかかわりをもち関係をつくっていくことである。保護者対応は若手教師にとって自分より年齢が上の世代である保護者とかかわりをもつことであり、異世代とつながり交流する力が大切であるということである。四つ目の自律性・主体性・人間性とは、一生懸命さ、成長していきたいという意識、学ぶ気構え、責任感をもつこと、善悪の価値基準をもつこと、ヴィジョンをもつこと、そして、人となりなどである。「見える能力」の基本的コミュニケーションスキルと同様に、四つ目は教育活動全般において教師として、また、社会人として必要な能力である。

次に、熟年教師の具体的な語りを取り上げながら、彼らが若手教師に求めている保護者対応の「見えない能力」をもう少し詳しく説明していく。

◉若手教師の「見えない能力」——聴く力・対話力と受け止める力

経験を積んだ多くの教師が若手教師に求めている「見えない能力」は聴く力・対話力と受け止め

る力であるが、これらは身につけることの難しい力である。D先生（教職経験二十六年目）は次のように聴くことと受け止めることを若手教師に求めているが、それは難しいことであると筆者に語っている。

> お母さんの話を充分に聴いてあげて欲しい。最近の若い人って結構しゃべるんですよね。でも、聴いてないよってところがあるから、お母さんの話をしっかり聴いてあげて、うん、受け止めてあげて欲しいというところがありますね。…（中略）…結局は、傾聴ですかね、それは難しいですね。

また、D先生は聴くことの難しさを自分の若いころをふりかえり、当時は保護者の話を聴いているつもりでいたが、今、考えると聴けていなかったとも語っている。聴く力とその対の関係にある受け止める力は身につけることが難しく、若い時には他者から言われてもなかなか実感をもってそれを行為に現すこと（パフォーマンス）ができず、経験を重ねていくなかで獲得されていく力といえる。

●若手教師の「見えない能力」――地域・異世代とつながり交流する力と自律性・主体性・人間性

熟年教師が語る「見えない能力」は教職経験を重ねるなかで身につけられるものだけではない。「見えない能力」のなかでも、大学で教師になる準備をするころや初任のころから身につけていること、あるいは若いなりに身につけていることを期待される力がある。それが、地域に入り自分とは異なる多様な世代と交流する力や自律性、主体性、人間性である。前者の地域・異世代とつながることは、学部時代からボランティアなどで身につけることができると熟年教師は語っている。そして、後者の自律性、主体性、人間性に含まれる学級運営のヴィジョンをもつことについて、E先生（教職経験二十九年目）が次のようにことばにしている。

> やっぱりきちんと自分でこんな学級をつくるっていう自分のヴィジョンが若いなりにあって、それを保護者に伝えられないとだめなのかなっていう気がしますね。

E先生は、学級運営などのヴィジョンをもつことを若手教師にとっても必要なことであり、なおかつそれを保護者に伝えなければならないとしている。経験豊かな教師が語る「見えない能力」には教職経験のなかで時間をかけて身につけていく力と、若い時から若いなりに身についていることを期待される力の二つがあるといえる。

◉熟年教師は若手教師の「見えない能力」をどのように表現しているか

これまで取り上げてきた「見えない能力」のうち、教職経験のなかで時間をかけて身につけていく力である聴く力と受け止める力は、学校教育に浸透しているカウンセリングマインドという概念で説明することができる。例えば、特別支援教育コーディネーターの役割の一つである相談の窓口として保護者に対応する時に必要な資質が、カウンセリングマインドの概念によって現わされている（国立特殊教育総合研究所二〇〇六）。ここでは、傾聴、共感的理解、そして、受動的・中立的態度という三つのことばでカウンセリングマインドを説明している。傾聴とは、相談者の語るところを「じっくり聴く」ことと説明されているが、初学者にとって「じっくり聴く」ということをリアリティをもって理解することは大変難しい。

傾聴をカウンセリングスキルとして考えた場合、うなずく、あいづちをうつ、相手の言ったことを繰り返すなどがあるが、この一つひとつを「見える能力」として行為にすることはできても、実際の相談場面でこれらのスキルを活用しながら保護者の話を「じっくり聴く」こと、つまり多様な文脈のなかで聴くスキルを使えるようになるには経験が必要である。多くの熟年教師は、保護者対応を「経験知以外のなにものでもない」、「場数をふんで慣れていくしかないっていう部分がある」と話しているが、例えば聴く力は、経験豊かな教師にとって、自分が若かったころには「見えない能力（認識できていない能力）」であったが、それは見えないものではなく経験を重ねることで次第に見えるようになるもの、つまり「見える能力（認識できる能力）」に変わっていくものと考えている。先に取り上げたＤ先生の「若いころは聴いているつもりであったが、今、考えると聴けていなかった」ということばは、このことを如実に物語っている。経験豊かな教師にとって聴く力は「見える能力」であるからこそ評価が可能であり、若手教師にその力をもって欲しいと語っているといえよう。

もう一つの「見えない能力」である若い時から若いなりに身についていることを期待される力、つまり地域・異世代とつながり交流する力と自律性や主体性、人間性はスペンサーらの氷山モデルの底部にある「特性」や「動因」にほかならない。松下（二〇一二）は、「特性」や「動因」は潜在的な中核的パーソナリティであり、開発することは困難であるとしたスペンサーらの主張を取り上げている。熟年教師が教師を志望する学部生たちにボランティアなどを通じて異世代とつながり、交流する力を高めておくことを期待するのも、これらの「見えない能力」が潜在的な中核的パーソナリティにふれたものであることを理解しているからなのかもしれない。

次項からは、これまで説明してきた若手教師の「見えない能力」のうち、教職経験のなかで時間をかけて教師が身につけていくとともに、熟年教師にとって「見える能力」に変わる聴く力と受け止める力を取り上げながら、「見えない能力」の本質を考えていきたい。

◉「見えない能力」が教師にとって「見える能力」になること

Ｆ先生（教職経験三十三年目）は長年にわたり特別な支援を必要とする障害のある児童の教育に携わっている。そのＦ先生が若いころ、我が子の指導に特定の方法を使って欲しいと強く希望する保護者と出会った。Ｆ先生が学級のなかでその指導方法を使うことは難しいと返答したところ、その後、保護者との関係が途切れるという残念な結果になったという。この後、熟年期に入ったＦ先生は「似たようなことを言う保護者」と出会うこととなる。Ｆ先生が「どうしてそのように希望されますか？」と聴いたことで、保護者は今まで誰にも伝えることのできなかった自分の気持ちを話し始め、ふたりの信頼関係が深まったという。そして、このような対応ができた自分について「ああ自分も大人になったなあと思った」と語り、自己の成長を実感している。

　このエピソードから、若いころのF先生には保護者の希望の背景にある思いを聴きとることは難しく、この時点ではまだ聴く力は身についていなかったことがわかる。しかし、熟年になったF先生は相手の気持ちを聴くことができるようになっている。なお、F先生は自分の若いころのエピソードを若手教師に頻繁に話し、「最初にそんなことできないって言うと、保護者との関係をつくることが難しくなるよ」、「保護者は追い詰められていろいろ言うことがある、そういう時にはまず受け止めること」と伝えている。このことから、F先生が自分の経験をことばにしながら、聴く力を受け止める力と関連づけ、聴くことと受け止めることは大切であるという認識、つまり実践的知識を若手教師に伝えていることが理解できる。この実践的知識は、若手教師の保護者対応を評価する時の概念、枠組みになっていると考えられる。

◉熟年教師は若手教師の「見えない能力」をみる力をどのように身につけるか

　さて、F先生は若いころには身についていなかった自分の聴く力と受け止める力が、熟年期の今は身についているとどのようにして評価したのだろうか。ここで興味深いのが、先ほどのエピソードにあった「似たようなことを言う保護者」というF先生のことばである。似たようなこととは、アナロジーによる思考が働いていることを意味している。教師のアナロジーによる思考の活性化は、児童の「見えない能力」、つまり教師がそれまで認識できていなかった子どもの「見えない能力」を認識することに役立つことを、C先生の事例ですでに説明してきた。F先生の場合は、アナロジーによる思考の活性化により、熟年の今うまくいくようになったことと二十年以上前にうまくいかなかったこととの間に類比の関係を見つけ出すことで、保護者への対応がうまくいかなかった、うまくいったという結果の違いが自分の聴く力と受け止める力にあることを認識し評価するができたと考える。このことをF先生は次のように語っている。

それと同じことを、若いころに出会った保護者にもできればよかったんです。若いころのことをずーっと引きずってますからね、あーこういうことだったのかと、その保護者（熟年で出会った保護者のこと）の時にわかったんです。

教師の授業をめぐる実践的知識（practical knowledge）をライフヒストリーの手法により研究している藤原ら（二〇〇六）は、実践的知識を「経験の中から形成された、さらには経験の積み重ねの中でしか形成されえない状況依存的で多面的・個性的な見識」として説明している。F先生が得た聴くことと受け止めることは大切であるという認識は、まさにF先生が自分の経験のなかから生成した実践的知識であり、それが評価の枠組みとして働くことで、以前には「見えない能力」であった聴く力と受け止める力が自分には身についていることを認識できたといえる。言い換えると、「見えない能力」をみる力は経験によって身につく力であるといえる。これらのことを図解化したのが、図１・２の下段にある氷山モデルである。

◉熟年教師は若手教師の「見えない能力」をどのように評価しているか

Ｆ先生の事例を通して考えてきたように、経験のなかで生成される評価の枠組みを別の熟年教師も若手教師の「見えない能力」を評価する時に働かせている。Ｇ先生（教職経験年数二十五年目）は同僚である若手教師の保護者に対するかかわりをそばで観察し、次のように語っている。

> その若い先生は自分に自信があるタイプなのか、お母さんに電話で話をしていることばとか聞いていても、なんか電話の向こうでお母さんカチンときてるんじゃないかなというような話し方、それは話している内容ではなくてね、ことばづかいだったり、なんていうんでしょう、話のイントネーションとか、流れとかで、なんとなく上からの雰囲気があったりしたんです。

Ｇ先生は、この若手教師の対応について保護者がカチンときてるんじゃないかという評価を行っている。若手教師が電話で応対している時の話し方やことばづかい、イントネーション、さらには話しの流れといった表出された行為の総体から、その背景にある「見えない能力」である保護者への姿勢をみとっている。Ｇ先生の評価の枠組みそのものについての語りはないが、上からの雰囲気があったという語りから、Ｇ先生が保護者への姿勢を大切にしていることは明白であろう。

◉熟年教師は若手教師の「見えない能力」をどのように育てようとしているか

それでは、熟年教師は自分がみとった若手教師の「見えない能力」をどのように育てようとしているのであろうか。ここでは、これまで紹介してきたなかからD先生、F先生、そしてG先生三人の語りを取り上げて、彼らの若手教師への対応について説明していく。結論から先に述べると、F先生は自分の経験から得た知識をことばで若手教師に伝えることで、D先生は若手教師に観察して学んでもらうことで、そして、G先生は若手教師の気づきを促すことで、若手教師の「見えない能力」を手助けし育てようとしている。

まず、F先生はすでに紹介しているように、若い教師に自分の経験をことばにして現すことで、例えば「保護者は追い詰められていろいろ言うことがある、そういう時にはまず受け止める」ことが大切であると話すことで、若い教師の「見えない能力」に働きかけている。この方法では、F先生は自分の経験から生成した実践的知識を伝えるので、F先生がその知識を得た文脈からは離れている。状況依存的な特徴をもつ実践的知識はそれが生成された文脈から離れてしまうと、F先生にとってはリアリティのある知識であっても、それを聴く若手教師にとってはそのままでは理解することが難しくなる。したがって、自分の経験や知識などに照らし合わせながら自分なりの理解を深めていく必要がある。

次に、D先生は熟年教師のやっていることを若手教師が観察しながら学ぶことを大切にしている。ここでD先生が若手教師に観察して欲しいと考えているものは実際の場面で現われる熟年教師のわざである。このわざは、経験を積み重ねている熟年教師が文脈のなかで現わす行為の連なりであり、それをことばに現すことは難しいことであると考えられる。

若い先生と保護者がとても大切な話をする時はね，例えば，ベテランの先生とかが一緒に入って三人で話すようにしているので，若い先生はベテランの先生と保護者のやりとりを見ながらね，ベテランの先生のわざを学んでいくのかなと思います。

そして，G先生は先ほどの上からの雰囲気があったとみとった若手教師に，直接，こういうふうにしたらいいとは言わないようにしているという。その理由をG先生は次のように筆者に語ってくれた。

変えていけるのは自分で，自分がだめだと思わないと変えていけない。だから，こちらが若い先生の気づきを促せるようなことをしてあげればいいんでしょうね。それを充分に私ができているとは言えないですけどね。

この語りにある若手教師の「気づき」ということばは，児童の「見えない能力」で紹介したC先生の語りのなかにも登場している。

◉熟年教師が語る「見えない能力」とは何か

最後に，冒頭で書いた本章の目的に立ち戻りたい。本章の目的は，熟年教師が語る「見えない能力」とは何かを明らかにすることであった。そのために，熟年教師にインタビューして得たデータのなかから児童の「見えない能力」と若手教師の「見えない能力」についての語りを取り上げ検討してきた。そこから導き出された結論は、次の通りである。
つまり、熟年教師が語る「見えない能力」の本質とは、多様な文脈で表出され「厳格な評価」が難しい子どもの能力（例えば、主体的に行動する力）や若手教師の力（例えば、聴く力と受け止める力）のうち、教師が経験を重ねるなかで〈みる〉ことができるようになっていく能力にあるということである。

【付　記】

インタビュー調査にご協力くださいました先生方に衷心より感謝申し上げます。本研究の一部を日本教育心理学会第五八回総会、北海道臨床教育学会第六回大会で発表しています。

【文　献】

国立特殊教育総合研究所（二〇〇六）『特別支援教育コーディネーター実践ガイド―ＬＤ・ＡＤＨＤ・高機能自閉症等を含む障害のある子どもへの支援のために』
スペンサー・Ｌ・Ｍ、スペンサー・Ｓ・Ｍ／梅津祐良・成田　攻・横山哲夫［訳］（二〇〇一）『コンピテンシー・マネージメントの展開―導入・構築・活用』生産性出版
中央教育審議会（二〇一二）『教職生活の全体を通じた教員の資質能力の総合的な向上方策について（答申）』
中央教育審議会（二〇一五）『これからの教育を担う教員の資質能力の向上について―学び合い、高め合う教員養成コミュニティの構築に向けて（答申）』

中原　淳［監修］脇本健弘・町支大祐（二〇一五）『教師の学びを科学する―データから見える若手の育成と熟達のモデル』北大路書房
藤原　顕・遠藤瑛子・松崎正治（二〇〇六）『国語科教師の実践的知識へのライフヒストリー・アプローチ―遠藤瑛子実践の事例研究』渓水社
マズロー・A・H／小口忠彦［訳］（一九八七）『人間性の心理学―モチベーションとパーソナリティ』産能大学出版部
松崎正治（二〇一二）「同僚に学びながら教師になっていく初任期から中堅期への成長」グループ・ディダクティカ［編］『教師になること、教師であり続けること―困難の中の希望』勁草書房、一一五―一三六頁
松下佳代（二〇一一）「〈新しい能力〉による教育の変容―DeSeCo キー・コンピテンシーとPISA リテラシーの検討」『日本労働研究雑誌』五三（九）、三九―四九

◆ミニ対談

植木克美×渡部信一

◎「アナロジーによる思考」という話

渡部　「アナロジーによる思考」という話は、とても面白いと思いました。もう少し詳しく説明していただけますか？

植木　「アナロジー（analogy）」とは、類推あるいは類比という意味ですから、あるものごとから他のものごとを推し量って考えていくということです。本書で取り上げた「アナロジーによる思考」とは、日常生活のなかで考えると、新たな経験に伴う出来事に遭遇した時に、以前経験している似たような出来事AやBを想い起こし、出来事A、Bから得られた見識をもとに目の前の出来事を考え、こうしたらうまくいくだろうという仮説を生成して未知の出来事に対応していくということになります。

渡部　学校教育のなかで考えると、どのようになりますか？

植木　学力の高い児童が多い小学校にはじめて勤務し、児童と信頼関係を築くことに困難を覚えたC先生のケースについて考えてみましょう。この学校の児童たちは成績もよく大人びていて、一見するとC先生がこれまでかかわってきた子どもたちとは違った特性をもっているようにC先生の目に映りました。そこで、最初、C先生は児童の特性に合わせて難易度の高い授業を行えばよいと考え実施しました。しかし、児童たちとなかなか親密な関係を築くことができませんでした。そのようななかで、C先生はこれまで出会ってきた他校の同年齢の児童と同じように、この学校の子どもたちも教師に安心感を求めていることにふと気づきました。そして、以前の学校で行っていた児童の気持ちを汲んだことばかけや対応をこの学校の子どもたちにも行うことで、子どもたちが教師に求める安心感に応えることができるという仮説をたて、それを実行することで子どもたちと親密な関係を築くことができました。

渡部　なるほど。C先生は過去の経験を「今」に活かしたわけですね。

植木　はい、この年齢の児童は、大人、つまり、学校や教師に対して安心感を求めているのでそれに対応することが大切であるという認識、それはテキストにある知識ではなく、C先生にとってそれまでの教職経験で培われたリアリティを伴った認識であるといえます。過去の経験から得た認識を、「今」目の前にいるこの学校の児童たちの状況にトレースして類似性を認識し、対応することで、C先生は困難をのりきっています。

渡部　それが「アナロジーによる思考」ですね。

植木　そうですね。興味深いことに、C先生の語りのなかでは、類似性に関する気づきが「ふと気づく」というように、ある意味、無意識に気づかれたものとして説明されています。この点は、教師の学びとして大変興味深いところです。もちろん、出来事の間の類似性に「ふと気づく」チャンスは、似たような出来事を多く経験することで高くなると思います。

渡部　つまり、長年にわたって教師をすることにより、多くの「似たような出来事」を経験する。それが「データベース」というか……きちっと蓄積されていれば、「こんな時にはこうすれば良い」ということがわかってくるということですね。あの時はこうしたら失敗したから、今度はこうしようというように……。

植木　そうかもしれませんね。本章を執筆していく途中で、アナロジーによる思考と関連づけて登場していただいたＦ先生とあらためてお話する機会がありました。Ｆ先生によれば、教職経験を重ねていくと、出来事を綴ったファイルが沢山できていくそうです。ファイルは類似性とともに相違性の観点からフォルダーにまとめられ、新しい出来事に対応する時に検索され活用され、「こんな時にはこうすれば良い」ということがわかってくるようになりますね。

渡部　「うまくいったこと」のデータベースができているわけですね。

植木　データベースは「うまくいったこと」だけではなく、Ｆ先生によれば、うまくいった、成功した出来事よりも、うまくいかなかった、失敗した出来事の方を心に残しているようです。つまり、うまくいかなかった出来事とは、解決できないで残っている出来事であり、Ｆ先生のことばで表現すると「Ｘファイル」として残されていきます。実際、Ｆ先生が類似性を認識した出来事二つの間には二〇年間という長い時間が流れています。若い時に経験した保護者との出来事は鮮烈な記憶として残り、普段の教育実践のなかでたびたび記憶にのぼることはないと思いますが、似たような経験をするなかでその経験が甦ってきたのではと思います。この経験を長い時間にわたって心に残していける力、つまり渡部先生のことばでいうと経験を「きちっと蓄積する」ことができる力となりますが、これもまた「見えない能力」といえるのかもしれません。

渡部　まさに「見えない能力」ですが、とても大切な能力ですね。

植木　はい、そうですね。なお、「似たような経験」は必ずしも自分の経験である必要はないようです。若手のころ、Ｃ先生は放課後、リラックスした場で語られる先輩教師の失敗談から多くのことを学んでいます。例えば、登校をしぶる児童の家庭を訪問する時に、頻繁に家庭訪問したことでかえって保護者の疲労感が増したという先輩教師の経験から、「数多く行けばいいってものではないんだな」という見識を得て、自分が担当している児童の登校しぶりの対応に役立てたといいます。

◎「教師や学校に対する安心感を求める力」という視点

渡部　児童がもつ「見えない能力」として「教師や学校に対する安心感を求める力」というのはとても面白

い視点ですね。これは従来、子どもの「能力」としてはほとんど着目されることがなかったのではないでしょうか？

植木　はい、そうですね。例えば、小学校の通知表には、関心や意欲、態度という「見えない能力」を評価する観点は含まれていますが、「教師や学校に対する安心感を求める力」は含まれていませんね。安心感を求める力は、安心して学校生活を送り学級活動や学習に力を注げる環境づくりを能動的に形成できる力ともいえるので、「見えない能力」としてとても大切なものだと考えます。

渡部　例えば、どんな例がありますか？

植木　この「見えない能力」は、自然に発揮されその能力に対応した適切な働きかけが、環境、つまり学校や教師から自然になされています。ですから、この子どもの「見えない能力」は学校や教師の働きかけと対にして捉えることで認識できます。例えば、北海道では真冬の氷点下に真っ白な息を吐きながら登校して「おはようございます」と挨拶する子どもに、「おはよう」とにこやかに働きかける先生という光景を目にします。寒さのなかを凍えながら登校した子どもは、先生に声をかけられてホッと一息つき安堵感を覚えます。この「見えない能力」は自然な無意識に近いかたちで働きますから、それを認識できる、そこに気づいて対応していく教師の力は大切ですね。

渡部　環境に安心感を求める力は子どもの「見えない能力」としてだけではなく、大人にとってもよりよく生きていくために必要な力ではないでしょうか。

植木　はい。大人であっても環境に安心感を求める力は必要な力です。この「見えない能力」が発揮され自分の居場所がつくり出されることで、能動的で創造性豊かな活動が展開されよりよく生きることにつながりますね。私たちが日常生活を送るうえで大切なこの「見えない能力」は、自然に発揮されその能力に対応した適切な応答が環境からなされているので、とりたててそこに光をあてることはないともいえるのかもしれません。しかしながら、両者の関係がうまく機能しなくなると、人がよりよく生きることは難しくなるのではないでしょうか。

◎「コンピテンシー」の評価と教育

渡部　確かに、教師が経験を重ねるなかで「コンピテンシー」を発達させていくことはわかります。また、それとともに若い時から「若いなりに」身についている能力が大切ということもよくわかります。ここでいう「若いなりに身についている能力」って、「生まれながらにもっている教師としてのセンス」みたいなものなのでしょうか？　これは、例えば大学教育によって、意図的に「身につけさせる」ことは可能なのでしょうか？

植木　質問にお答えするのは正直に言うと難しいです。でも、私は自分自身が教員養成大学出身であり、今、教員養成、現職教育に携わっていますので、日々、考え続けているテーマです。まず、答えから先に言うと、「若いなりに身についている能力」を大学教育により意図的に「身につけさせる」ことは難しいと思います。

渡部　やはり「意図的に「身につけさせる」ことは難しい」ですか。

植木　はい、そうですね。「若いなりに身についている能力」とは、教師としての基本的な資質ともいえます。経験豊かな熟年の教師からみて、授業の進め方で苦戦している若い教師であっても、子どもにとって楽しいと思える居心地のよい学級づくりに気を配り、保護者からこの先生にだったら我が子を安心して託せるし、応援したいと思える信頼を得ることのできる資質をもっている若い教師は教師としてうまくやっていけるそうです。ただ、それは「生まれながらにもっている教師としてのセンス」というよりは、人としての、つまり人となりや人間性に帰属される資質のようです。ですから、これが人として経験を重ねていくなかで磨かれていく「見えない能力」であるコンピテンシーの本質なのかもしれません。

渡部　「若いなりに身についている能力」は大学教育、学校教育だけではなく、家庭、地域社会における育ちのなかで長い時間を通して多様な経験によって培われるものということですね。

植木　はい、そうですね。若いなりにこんな学級をつくるっていうヴィジョンをもつことが必要だと語ったE先生は、子どもが「この先生は本物かどうか」、つまり、自分たちが楽しく元気に過ごせることを考えてくれる人かをみとる力、教師の人間性を見極めることのできる本質的な力をもっていると言っています。これは、先ほどの渡部先生の質問にあった児童のコンピテンシーである「教師や学校に対する安心感を求める力」と深くかかわっています。

ですから、「見えない能力」である教師の資質を見極める、評価する者は、直接、彼らとかかわりをもつ当事者である子ども、保護者、同僚教師、そして、若い教師自身なのではないでしょうか。ことばを換えると、自律的、主体的な学び手として教育実習生や若い教師自らが自分の「見えない能力」に気づく、認識できるようになるサポートを大学教育、現職教育において展開していくことができるといいのかもしれません。

渡部　やはり大切なのは、自らが自分の「見えない能力」に気づくことなのですね。

　最後に、あらためてもう一度お聞きしたいのですが、実際に「教育」のなかで「コンピテンシー」をどのように評価し、どのように育てていったらよいのでしょうか？

植木　この章では学校教育における子どもと若手教師のコンピテンシーを「見えない能力」とし、「見えない能力」は多様な文脈のなかで表出されるものであり「厳格な評価」が困難であると考えました。多様な文脈で表出される「見えない能力」とは、つまりホリスティックな能力であるといえるかもしれません。

　ご存じのように、マクレランドやスペンサーらによって経営学で扱われるようになったコンピテンシー（competency）概念は、もともとは心理学者ホワイト（White, R. W.）によるコンピテンス（competence）概念に由来しています。コンピテンスとは「生物が環境と効果的に相互作用する能力」であり、「人間のような生物では、環境と相互作用する能力は長期の継続的な学習を通して少しずつ獲得されるものである」といわれています（ホワイト二〇一五）。ですから、「見えない能力」をホワイトのコンピテンス概念に立ちもどって思考すると、まずもって子どもの自律的、主体的な働きかけに応える環境のあり様、つまり、学校や教師の適切な対応によって、子ども自らが自分の「見えない能力」に気づいていけるのではないでしょうか。

渡部　子ども自らが、自分の「見えない能力」に気づいていける……これは、とても大切な視点ですね。

【文　献】

ホワイト・R・W／佐柳信男［訳］（二〇一五）『モチベーション再考――コンピテンス概念の提唱』新曜社

第2章　聴覚障害児の「見えない能力」に対する教育

大西孝志

聴覚に障害のある子どもにとって「読話」の能力の有無は、他者とコミュニケーションする時に重要な問題となる。聴覚障害の程度が重度になるほど、視覚に頼らざるをえない部分が多くなるからである。そこで、聾学校では子どもたちが話し手の口元に注目し、その口形を弁別できるようにするために「読話指導」を行っている。ところが、「読話」という「見える能力」が効果的に機能するためには、思考力や言語力など「見えない能力」の指導が必要になる。本章では、聾学校でどのような指導が行われているのかを紹介しながら、聴覚に障害のある子どもの「見える能力」と「見えない能力」に関して考察する。

第1節　はじめに

毎年、公益財団法人秋田観光コンベンション協会では、七名の女性の口形から、何と言っているのかを推測するクイズ形式のポスターを作成している（図2・1）。実際の口の動きは一瞬で消えてしまうものの、写真（静止画）では、母音の口形が残るためクイズが成立することになる。

　このような、口の形から会話の内容を読み取るコミュニケーションの方法を読話（読唇）という。このクイズにおいては、母音部分の口形が「あ・い・あ・い・い・え・え」であり、そこで発せられているメッセージは「明日にしてね」、「貸したりしてね」、「平らにしてね」、「たちまち消えて」、「確かに閉めて」、「たいやき見てね」、「輪島に来てね」など、何種類も考えることができる。

　ところが、彼女たちの口形を読話し、そのメッセージを「たいやき見てね」や「（石川県の）輪島に来てね」だと受け止める者はいない。読話は文脈に沿って行われるからである。

　これは秋田の観光協会が観光客誘致のために作成したものであり、「あ・い・あ」という口形は「あ・き・た」と言っているのではないかという類推が可能である。通常、日本語の文法ではその次には助詞が来る。口の形が「い」という助詞は「に」ではないかということは容易に想像することができる。このようにしていろいろな条件を組み合わせ、総合的に考えると「あいあいいええ」という口の形は、「秋田に来てね」または「秋田にしてね」ではないだろうかと想像し、読話することが

図２・１「秋田市観光客誘致のポスター」
（画像出典：公益財団法人秋田観光コンベンション協会）

できる。

聴覚に障害のある子どもにとってはこの「読話」がコミュニケーションのための重要な手段となる。聴覚障害の程度が重度であるほど、視覚に頼らざるをえない部分が多くなるからである。そこで、聾学校では口形を注視し弁別することができるように、教育活動全ての時間において「読話指導」を実施している(1)。そして、この「読話」という「見える能力」が効果的に機能するためには、思考力や言語力などさまざまな「見えない能力」の指導が必要になる。

本章では、聾学校で実際にどのような指導が行われているのかを紹介しながら、聴覚に障害のある子どもの「見える能力」と「見えない能力」に関して考察していきたい。

第2節　聾学校で行われる「読話指導」

読話とは、話し手の唇の動き、口（顎）の開き、舌の動き、表情などを視覚で捉えて、会話の内容を理解するためのコミュニケーションの方法である（北野 一九七六）。聴覚障害者の場合、難聴の程度が重度であるほど、話を理解するのに視覚に頼らざるをえない部分が多くなる。そのため、聾学校に在籍する子どもたちは、小さい時から相手の唇（口元）をしっかり見て話を聞くという習慣

(1) 二〇〇七（平成一九）年以降「聾学校」は「特別支援学校」となったが、本章ではわかりやすさを考慮して「聾学校」を使用することにする。

を身につけている。この口形を注視し、口の動きを見分けることができるようにするための指導が読話指導である。もちろん、補聴器や人工内耳[2]の性能が向上した現在は、単純に口の動きだけで話の内容を把握するのではなく、音声情報も有効に活用しながら読話をしている。

読話指導は、母音「あ・い・う・え・お」の五つの口形、「ぱ・ば・ま行」のような唇がつく音、「た・な行」のような舌先が上口蓋につく音などの比較弁別を視覚や触覚を使いながら行う感覚訓練である。したがって指導に当たる聾学校教員には、音声学の知識が必要となる。

初期の段階では、子どもたちが話し手の口元を注視する習慣を身につけるために、「口形模倣」、「口声模倣」を繰り返し行う（全国聾学校長会専門性充実部会二〇一一）。口形模倣とは、発音指導と同じ時期に始められる読話指導の基礎訓練であり、口の形を意識し、真似をさせることをねらいとしている。例えば、乳幼児期の読話では、教員が「バイバイ」と言った後に、それを真似て唇を二回つけ、声を出すことができればよい（たとえ、それが「まんま」、「バーバー」であっても大まかな口形は正しいからである）。

このような練習を繰り返すことによって、子どもたちは、母音や両唇音（「ぱ・ば・ま行」の音）などわかりやすい口形の真似ができるようになる。そして音数や語の長さの模倣ができるようになると、読話の力が発音の明瞭度にも影響を及ぼす。

そして、慣れた場面、慣れた話し手の読話であれば、その口形から自分の名前が呼ばれているのか、友人なのかなどを弁別し、自分が呼ばれた時だけ返事をすることができるようになる。

口声模倣は、口形プラス発音の模倣であり、日本語の音韻体系をより正確に習得させることをねらいとしている。通常、この指導も学校の教育活動全ての場面で行われる。例えば、朝の会で教員が「明日は運動会の総練習です」、「雨が降ったら延期です」と言った後、それを子どもに復唱をさせる。そして、口形が正しいかどうか、助詞が抜けていないか、音数が合っているか、（可能であれば）発音は以前よりも明瞭になっているかなどということを確認し、必要に応じて正しい口形と発音に導いていく。

このようにして、子どもたちは相手の話を視覚によって（聴覚も活用しながら）捉えることを日常生活や遊びのなかで学習していく。聾学校においては、設定された「読話指導の時間」があるのではなく、学校にいる時間全てが読話の練習に費やされている。また、そこで育成された力は、さまざまな場で繰り返しドリルされることになる。子どもにとっては全ての場面でこれらの指導を受けるため、「自分は今、読話の練習をしている」という意識も湧きにくい。また、教員側も読話の指導をしているという自覚をもっていないことが多い。それほど、自然な形でしかもあらゆる場面で行われているものが読話指導である。

それでは、幼少期から適切な読話指導を受けた聴覚障害児はどれほど正確に音声言語を視覚で捉えることができるようになるのだろうか。訓練すれば唇の動きだけで音声言語を理解できるようになるのであろうか。

（2）難聴があり補聴器での装用効果が不十分である際に、外科的手術によって、蝸牛に埋め込む人工臓器の一つ。二〇一五年度は聾学校の在籍児約二五パーセントが装用（全国聾学校長会 二〇一五）。

言語学者である金田一春彦氏によると、日本語には一一二の拍があり、この数は世界の言語のなかでは極端に少ない（一説によると英語の三百分の一）と指摘されている。ここでいう拍というのは、「あ」「きゃ」「わ」などの音《おん》の最小単位のことである。また、日本語は世界の言語のなかでは拍の構成が比較的単純であり、その特徴として、①典型的な拍が【子音＋母音】という形からできていること、②一番複雑なものでも【子音＋半母音＋母音】という三音構成（例えば「きゅ（kyu）」）であること、③原則、すべての拍が母音で終わることが示されている（金田一 一九八八）。この日本語の特徴である拍が少ないことおよび全てが母音で終わるということは、読話をする側にとっては非常に好条件である。つまり、見分けなければならない口の形が少ない日本語は読話しやすい言語なのである。

したがって、一一二の拍全てを視覚で弁別することができれば、音声が全く聞こえなくても話の内容を正確に捉えることができるとも考えられる。

筆者が聾学校に勤務していたころ、外部からの参観者に読話の説明をする際、あえて声を出さないで「立ってください」、「教科書を出してください」、「読み終わったら手を挙げてください」という指示をしてみせたことがある。子どもたちは私が言ったことを正しく読話して、その通り行動することができた。それを見た参観者のなかには、聾学校の子どもは読話によってどのような言葉も読み取ることができると受け止める者もいた。マウンド上でキャッチャーとピッチャーがグローブで口元を隠して話しているのは、読話されるのを防ぐためであると言う者もいた。

しかし、実際の読話はそれほど簡単ではない。視覚だけでは弁別することができない拍（音）の方が多いからである。

鏡を見て、声を出さずに「たばこ」、「なまこ」、「たまご」と言ってみると口形が同じであることがわかる。低学年の算数の時間によく出てくる「一（いち）」「二（に）」「式（しき）」いう言葉も口形だけでそれらを区別することは難しい。イ列の音「い・き・し・ち・に・ひ・り」は口形がほとんど同じであり、視覚だけによる読話には限界がある。

ところが、授業や日常生活では、絶対に読話することができないはずの会話を読み取り、コミュニケーションが成立しているということがある。これが、読話の不思議なところである。

先の、マウンド上の会話については「野球の話をしている」こと、「次に投げる球種について話していること」という推測や、チームが置かれている状況（あと一人アウトにすると優勝など）から、口の形だけで会話の内容が類推できるのである。

聾学校の子どもたちは、やりとりの内容がかなり限定されている教室で授業を受けている。授業は一連の流れのなかで進められる。前の時間からの継続であれば同じ語句や似た言い回しの質問が繰り返される。掲示物やプリントなど、話の内容を推測するための手がかりとなる文字・写真、映像などが用意されていることも多い。つまり、授業で行う読話は、単なる口形の読み取りではなく、口形およびいくつもの材料や状況から発話内容を推測するという「話の内容を読む」という読話なのである。したがって、正確に読話をするためには、口形の違いを見分ける弁別能力を身につけるだけではなく、文脈や場面の状況から、話し手の考えや気持ちを読むための想像力を育て、それを表現する言語力を高めておくことが大切になる。

第３節　聾学校で行われる「発音指導」

聴覚に障害がない子どもは、小学校に入学し、五十音の表記の仕方を学習すると、一部の特殊音節（促音や長音など）を除き、聞いた言葉、話した言葉を記述することができるようになる。例えば、ひらがなが書けるようになれば、教員から「「あお」と書きなさい」、「「さかな」と書きなさい」、「「えんぴつ」と書きなさい」と指示を受けると、それらを文字で表すことができる。ところが、この当たり前のことが、重度の聴覚障害がある子どもにとっては難しい。

聾学校の子どもに同様の指示を与えて書かせてみると、「かお」（「あお」のこと）、「あーな」（「さかな」のこと）、「えみう」（「えんぴつ」のこと）などと間違った表記をする子どもがおり、その数は決して少なくない。

写真、実物、手話などを見せて、「青」、「魚」、「鉛筆」の名称を書くことを理解させても、このような誤表記が生じる。一般的に、聴覚障害の程度が重度であるほど、発音が不明瞭になる。相手の発音を聞き、自分の発音を（正しい音に）修正することが困難になるからである。そのため、聴覚障害がない子どもが自然に習得することができる「発音と文字の一致」を、特別の指導を受けることなしには身につけることができない。そこで、幼いころから継続的に聴覚以外の感覚を効果的に用いる言語指導が必要となる。聴覚障害児の多くは発音が不明瞭であり、また、聞こえも不明瞭である。したがって、「えんぴつ」、「いえ」と発音できていたとしても、「えんぴつ」の「え」と「いえ」の「え」が同じ音であることに気づいていない場合が多い。

発音指導では、子ども自身の発音の明瞭度にはかかわらず、「え・ん・ぴ・つ」と発音させながら、それぞれの音を出す時、調音部位（舌の位置など）はどうなっているか、胸や喉のどこが振動しているか、息がどのように出ているのかなどについて気づかせる。

そして、「え・ん・ぴ・つ」、「い・え」と、一音ごとに、発音（音声）と発音サイン、文字（指文字）などとのマッチングを図りながら、自分が発音している音をしっかり自覚させる。

発音指導は、声という目に見えないものを、視覚や触覚によって受容し、それを発音することを通して、自分の（不明瞭な）発音と正しい音（文字）とを結びつけられるようになることをねらっているのである。指導によって両者が結合すると、たとえ「鉛筆」のことを「いんぴつ」、「いんひう」、「えんぴう」としか発音できなかったとしても、はじめの音は「え」、終わりの音は「つ」と書くことができるようになる。これらを、感覚訓練の一環として行っているのが発音指導である。聾学校が重度の聴覚障害児に行っている発音指導は、明瞭度の向上だけが目的ではなく、話し言葉から書き言葉への橋渡しをすることも重要な目的なのである。指導の結果、発音が明瞭になり、聞き取りやすい話ができるようになることは、社会での円滑なコミュニケーションのためには大いに役立つ。しかしそれは発音指導の副次的な産物だといえる。

第４節　聾学校で行われる「聴覚活用指導」

生まれた時から、あるいはごく幼い時から重度の難聴がある場合、必要な音・音声の刺激が一部しか入らないために、音声言語の発達が制約されることになる。一方、聴覚に障害のある子どもであっても、聴力が全く失われていることはまれであって、多かれ少なかれ聴力を保有しているのが一般的である（大沼 一九九七）。したがって、その聞こえの程度に応じて、補聴器・人工内耳や集団補聴システムを活用して、音や音声を聞く態度を身につけさせることが必要である。また、聴覚活用は、これまで述べた、発音指導と読話指導に密接な関係があり、この三つを合わせた言語指導の方法を聴覚口話法という。

聴覚活用では、まず、子どもの聴力に合わせて調整（フィッティング）した補聴器や人工内耳を装用させて、身のまわりにある音に興味・関心をもたせる。子どもの難聴は生まれつきのものであり、指導によって聴覚障害がない状態にすることはできないものの、機器によって補聴利得（補聴器などで人工的に得ることができる聴力）を上げることはできる。多くの場合、適切に調整された補聴器をかければ、音に対する反応はよくなる。しかし、物理的に聞こえるようになったとしても、それは聴覚の活用がねらいとしていることの一部にすぎない。音のあるなしに反応すること（ON-OFFの弁別）および聴力検査の結果がよくなることと、音声を聞いて意味を理解する「聴覚的理解能力」は直接結びつくものではない。したがって、たとえ同じ聴力の子どもであっても聞き取り能力が異なることがありうる。それは脳が音声情報をどのように処理するのかという理解力に左右されるためである。室内にいて呼び鈴が鳴った場合には「ベルが鳴っている」ではなく「誰かが来たから玄関に行く」という判断ができることが「聴く」ということである。補聴器や人工内耳を用いて保有する聴力を最大限活用し、音声を「聞いて」その意味を考え、判断、行動ができる（「聴く」）ことが、聴覚活用が目指していることである。また、聴覚の活用により日本語にふれる機会が多くなることは、発音指導、読話指導と同様、書き言葉の力の向上につながる。

第５節　聾学校で行われる「手話などの活用指導」

近年、手話などを活用した指導が、聴覚に障害のある子どもの日本語（書き言葉）の習得にプラスの影響を及ぼすことが明らかになってきた（井上二〇一六）。手話は、意味概念を効率的に伝えることができる言語であり、聞こえに障害がある子どもたちにとって会話の内容を理解しやすいコミュニケーション手段である。

そのため、聾学校においては教員の手話技能を向上させるための校内研修などが積極的に進められている。教員の手話技能が高ければ表現はさらにわかりやすくなる。また、そのような教員に日常的に接している子どもたちは、子ども自身もわかりやすい手話を使うようになる可能性が高い。このことは音声言語の習得と同様である。

手話においても、ここまでに述べた発音指導、読話指導、聴覚活用と同様に、コミュニケーションが成立し、意味内容の意思疎通ができた後には、文字との結びつきを図る指導が行わなければならない。さまざまな情報を得、記録し、目の前にいない相手とのコミュニケーションを行うためには、書き言葉の習得は重要な問題である。文法の構造が異なる手話から書き言葉への移行をどのように行っていくのかについては、聴覚障害教育の大きな課題であり、今後も実践に基づいての研究が期待される。

現在ほとんどの聾学校においては、多様なコミュニケーション手段を子どもの障害の状態などに応じて組み合わせながら活用し、指導を進めている。重度聴覚障害児の指導においては、単一のコミュニケーション手段の活用だけで全ての情報が伝達できるということはないからである。

第６節　聴覚障害児に求められる「見える能力」と「見えない能力」

これまでに述べた学習上又は生活上の困難を改善・克服するための特別の指導が、聾学校の子どもにどのような能力を育てているのかを「見える能力」、「見えない能力」の観点でまとめると表２・１のようになる。

聴覚障害児の発音指導における「見える能力（パフォーマンス）」とは、正しい口形、顎の角度、息づかい、舌などの構音器官の動かし方を身につけ、それらを繰り返しドリルすることによって習得される音声による意思の伝達方法である。聴覚の活用における「見える能力」とは、調整された補聴器や人工内耳を装用し、聞こえてくる音声情報に対して正しく反応する能力である。

一般的にこういった「見える能力」は、評価基準や到達のチェックリストを設定することができ、習得の度合いは客観的な検査やテストなどによって把握することができる。さらに、「見える能力」を習得すると、子どもはそれを繰り返し用いることによって、「見えない能力」の向上に結びつけることが可能となる。しかし、聴覚障害児の場合は「見える能力」によって得ることができる情報

表2・1　聴覚障害児に求められる「見える能力」と「見えない能力」の観点

	見える能力（パフォーマンス）	見えない能力（コンピテンシー）
発音指導	●調音部位・発音要領などの理解と技術の習得（音声学【表出】の理解と実践） ●明瞭度を高める	●音韻表象の確立 ●発音と文字（書き言葉）の一致
読話指導	●口形模倣・口声模倣による読話習慣，技術の習得（音声学【受容】の理解と実践）	●音韻表象の確立 ●口形と文字（書き言葉）の一致 ●文脈から類推する読みの力（思考力）
聴覚活用	●補聴器などを活用する ●音の有無に気づく	●音韻表象の確立 ●音と文字（書き言葉）の一致 ●音と意味を結びつける・脳で聞く
手話などの活用	●手話技能（表出・受容）の習得 ●わかりやすい表現の習得	●文脈から（手話を）読み取る ●手話と文字（書き言葉）の一致

が制限されやすく、その情報の最たるものが音声であることから、言葉の習得および言語概念の形成が困難になりやすい。

聞こえる子どもの場合であれば、意味がわからなくても、どこかで聞いたことがある、使ったことがあるという聴覚的な経験によって、その言葉の意味を類推し、または会話の流れに合わせた言い回しをすることができる。聞こえるということが「見える能力」と「見えない能力」の橋渡しに大きな役割を果たすのである。反面、聴覚に障害がある子どもの場合、その言葉が使用される場面を経験していたとしても、言葉から物事を想起できない、書き言葉につながらないという問題が起きる。

そこで、特別の指導や練習によって子どもの頭の中で「音韻表象の確立」を図っていくことが必要になる。これが、聴覚障害児が日本語（書き言葉）を習得するのに必要な「見えない能力（コンピテンシー）」である。

聴覚障害児の書き言葉の課題は、第3節の発音指導の部分でもふれたような「えんぴつ」を「えんぴう」と書く単語レベルの誤りだけにとどまらない。

聴覚障害者をモデルにした西村京太郎の推理小説『四つの終止符』から、聾学校の中学二年生が書いた作文を引用して説明する。


昨日、私は、海で歩きました。風を終わって船で、楽しでした。心が気持ちが悪いでした。カモメが、海で止まってすんでいました。海に青でした。ほんとうに楽しい気分で、心が焼きついて、一生忘れない。いちばん楽しいものは、やはり、海の青がカモメ飛ぶのことでした。

（西村　一九八一：一八三、文章の誤りは原文のまま）


この作文を読むと、単に書くことが苦手な中学生のものとは、どこか間違いの質が異なった、日本語としてこなれていない文章（外国語使用者が書いたような文章）という印象を受けるのではないかと思う。これが聴覚障害児の文章に頻繁にみられる特徴である。

この中学生は知的発達に遅れがあるわけではないので、手話でこの内容を説明させると、彼女の昨日の行動や心情は正確に伝わってくる。文章表現だけが正しくないのである。「楽しかったです」と書くべき部分を、「楽しでした」と表記してしまうのは、音声言語と手話の文法が異なるためである。また、誤字・脱字だけではなく、「おもしろいかったです」「たのしいかったです」というような形容詞などの活用の間違いがみられることも多い。これらは聴覚的な言語学習・言語経験が不足していることにより、音韻表象の確立が図られていないことが原因である。そのため、できるだけ早い段階から発音指導、読話指導、聴覚を活用し、手話などの指導を通して、自身の発音と文字の一致を図り、それを書き言葉につなげていくという指導が必要になる。

第７節　聴覚障害児の「見えない能力」――音韻表象

聴覚障害児の「見えない能力」である音韻表象の確立をわかりやすく説明すると、次のようになる。

①「ト」、「マ」、「ト」という一音一音には意味のない三つの連続音を聞いて（読んで）、野菜のトマトを思い浮かべることができること。
②その単語は「ト」と「マ」と「ト」の三音からできていることがわかること。
③「トマト」の「ト」は「とら（虎）」、「とけい（時計）」、「いと（糸）」の「と」と同じ音であり、「ト」の音はどの単語の中で発音し（書い）ても同じであることがわかること。
④「とけい」は分解して並べ替えると「けいと」になることがわかること。
⑤「トマト」は逆から読んでも「トマト」となることが理解できること。
⑥「トマト」の二番目の音は「マ」であるということが理解できること。

これらが習得できている状態が、音韻表象が確立しているということになる。この力は、しりとりやクロスワードパズルなどの音韻遊びなどにもつながり、最終的にはさまざまな情報を得たり、発信したりする時の読み書きの力の基礎となる。

音韻表象は発音指導、読話指導、聴覚の活用、手話などの指導を繰り返すことによって身につけることができる能力であり、短時間で簡単に習得することはできない。そのため聾学校の子どもたちは、あらゆる場面で、この「見えない能力」を身につけるための言語指導を受けている。

第８節　聴覚障害児の「見えない能力」に対する教育

聞こえる子どもが自然に日本語（話し言葉）を習得するのとは異なり、聴覚障害児は意図的な指導が行われなければ日本語（話し言葉）を習得することはできないことはこれまでに述べた通りである。そして話し言葉が習得できないということは書き言葉を身につけることが困難になるということを意味する。子どもにとってみれば、音声情報の受容と表出は、経験したことが少ない（または、ない）感覚であるために、特別の働きかけがなければ「聞く」「話す」という言語活動を使ってコミュニケーションをしてみようとは考えない。また、それらを書き言葉につなげるということも起こりえない。

そこで、子どもの「見えない能力」を育成するための取り組みとして、聾学校では重度の聴覚障害児にも早期から音の存在を知らせ、聞こえるという感覚を理解させている。聞こえにくい子どもに世の中には音声情報、聞こえるという世界があり、「聞く」、「話す」というコミュニケーション手段が存在するということを教えるのである。

音声の存在に気づいた子どもは、「音」と「口形」と「自分の発音」に意味があることを知り、それらと「文字」を結びつけ、書き言葉を習得していくようになる。

つまり、聴覚障害児の「見えない能力」とは、彼らが「見える能力」（音声、読話、聴覚、手話）によって入手した情報（それは、一部が欠落していたり、不完全であったりすることが多い）を頭の中で「聴いて」再構成する能力のことである。これは聴覚以外の複数の手がかりから音声を把握するという、言語力や思考力に支えられた考える力である。

聴覚障害がある子どもは聞こえる子どもに比べると、音声情報の入力が絶対的に少なく「聞く」という能力では敵わない。しかし、子どもたちが耳で聞いた音声を、本当の意味で「聴いて」いるのは脳である。「見える能力」によって外界の情報が入手でき、音韻表象の確立とともに考える力が高まれば、障害のために本来は聞こえない（聞こえにくい）音声の意味や内容を「聴く」ことができるようになるのである。これが、聴覚障害児の「見えない能力（コンピテンシー）」であり、この力を育てることが聾学校の役目である。

【文　献】

井上智義（二〇一六）「ろう者のバイリンガル教育の展望―手話でのコミュニケーションが概念発達を保障する」『手話・言語・コミュニケーション』(三)、六-二五
大沼直紀（一九九七）『教師と親のための補聴器活用ガイド』コレール社
北野藤治郎（一九七六）「日本における読話と発語の歴史」鳥居英夫他『読話と発語　上巻』日本特殊教育協会、三-五二頁
金田一春彦（一九八八）『日本語（上）』岩波書店
全国聾学校長会（二〇一五）『聴覚生涯教育の現状と課題　一二』
全国聾学校長会専門性充実部会［編］（二〇一一）『聾学校における専門性を高めるための教員研修用テキスト』
西村京太郎（一九八一）『四つの終止符』講談社

◆ミニ対談

◎視覚に障害のある子どもの「コンピテンシー」

大西孝志×渡部信一

渡部　聴覚に障害のある子どもの「パフォーマンス」と「コンピテンシー」の関係、特に「読話」に関して大変興味深く拝見しました。聴覚に障害のある子どもたちにとって、私たち以上に「コンピテンシー」が大切であるということをあらためて認識しました。ところで、「視覚に障害のある子ども」に関しては、どうなんでしょうか？　大西先生の専門からは外れるかもしれませんが、ご存じでしたら教えてください。

大西　私は視覚障害のある子どもを直接教えた経験はありませんが、同年齢のいとこが盲学校に通っていま

したので、見えないという感覚はこういうことなのかということを実感することはありました。視覚障害のない人がアイマスクをつけて見えない状態になるのと、視覚に障害がある人が感じている「見えない」という感覚は全く違います。これは、聞こえないという状態と共通する部分があります。

渡部　なるほど、やはりそうなんですね。

大西　一つの例ですが、ガラスのコップの絵を描かせると、二重丸を描く全盲のお子さんがいます。視覚障害がない幼児の多くは、カタカナの「コ」の字の向きを九十度変えたような四角いコップを描きます。水を注ぐ上の部分が空いているのですね。

　全盲の子どもの場合、触覚を頼りにコップの絵を描くことになります。一般的なコップの場合、触ってみても四角い部分はありません。大きな円と小さな円があるだけです。

渡部　確かに、コップを触っても四角い部分はありませんね。

大西　もう少し年齢が上になり絵画の技法が身につくと、見える子どもの場合、正円ではなく楕円を描いてそこから直線を引いて、底の部分は直線を弧で結ぶというようにしてコップを離れた位置から見たように描くことができるようになります。

　ところが、全盲の子どもにはこのような絵は描くことができません。

渡部　コップを触ってみても、楕円や弧はないからですね。

大西　その通りです。楕円を触覚で認知できない以上、楕円を使ったコップは絶対に描くことができません。したがって晴眼者が描いたコップの絵の軌跡を立体コピーして触らせたとしても、それが自分の知っている実物のコップと同じであるということは、誰かに教わらないとわかりません。このためには、言語が必要です。視覚以外で得た情報を言葉と結びつけることが必要になってくるのです。

渡部　聴覚障害児が聴覚以外で得た情報を「言葉」と結びつける必要があるということと、全く同じですね。

大西　はい。言葉が身につけば、見えるというのはどういうことかを知ったり、見える人にも見えない部分……つまり、陰の部分や、微細なものなどがあったりするということなども概念として知ることができるようになります。

渡部　なるほど、本当に「言語」が大切なのですね。

大西　とても大切だと思います。このようなことが視覚障害のある人にとっての「コンピテンシー」ではないかと思います。それを支える「パフォーマンス」は聴覚障害の場合と同様に、情報を入手するための「聴覚」、「触覚」などを使った感覚能力……例えば、点字を速く読むことなどだと思います。

◎「コンピテンシー」に対する文部科学省の立場

渡部　大西先生は文部科学省でお仕事なさった経験もおもちです。文部科学省は「コンピテンシー」に似た概念として、一九九六年に「生きる力」という言葉を示しています。また、高等教育に関しては二〇〇八年に「学士力」という概念を示しています。文部科学省の考える「生きる力」や「学士力」とは、どのようなものなのでしょう？　そして、その背景には、何があるのでしょう？

大西　日本ではこれまで、これらは卒業証書をもらうことが必要な力を習得したことの証明であるという考えが常識でした。「生きる力」や「学士力」とは何かということをあえて考えなくても、それらは卒業と同時に自然に身についているものであると思われていたわけです。

ところが、平成になって……つまり戦後約五〇年が過ぎ、社会構造の複雑化、人々の考え方の多様化、自然災害などによって、それまでの常識では説明できない出来事が起こりました。

渡部　今から二〇年ほど前ですね。阪神淡路大震災や地下鉄サリン事件などの出来事が起きました。

大西　はい。このころから、「知識と技能」だけでは社会に対応していくことが難しいということが共通理解され、これからの社会をたくましく生き抜いていくためには、なにか別の力が必要であると考えられるようになりました。これらのことが約六〇年ぶりの教育基本法の改正につながって、現在の教育の大きな柱となっています。

渡部　「コンピテンシー」に関しては、どうでしょう？

大西　「コンピテンシー」は、子どもの発達段階によって求められている形が少しずつ変わっているような気がします。ただし、根本は同じではないでしょうか。保有する情報・技術から、そこにはないものを生み出す能力、これまで経験したことがないことにうまく対応していく能力のことだと思います。

渡部　なるほど。

大西　経済協力機構（OECD）はコンピテンシーを「単なる知識や技能だけではなく、技能や態度を含む様々な心理的・社会的なリソースを活用して、特定の文脈の中で複雑な要求（課題）に対応することができる力」と定義しています。「生きる力」も「学士力」も「コンピテンシー」も「知識・技能」だけではないという点では共通していると思います。ただし、この際に「知識・技能」をおろそかにしてはいけません。「知識・技能」は基礎・基本であり、この部分が薄ければ、主体的に判断したり、論理的に考えたりすることができません。そういう意味では学校教育が行っている基礎・基本を習得するための毎日の努力は重要です。「パフォーマンス」なき「コンピテンシー」は存在しないと思います。

渡部　長年、学校教育の現場で活躍なさってきた大西先生の実感ですね。

大西　「生きる力」・「学士力」は、「人づくり」によって培われる力であり、単なる知識や技術の伝達だけでは習得することはできません。他者から知識や技術を教わる時には、同時にそれ以外のものを学びます。それは難しい言葉で言えば「人生哲学」「生き方」「文化」のようなものです。

渡部　それが、本当の意味での「教育」なんですね。

第3章　「授業力コンピテンシー」に対するICTを活用した評価

中島　平

本章では教員の授業力コンピテンシーの評価を、一つの例として取り上げる。まずは授業力をパフォーマンスとコンピテンシーに分け、授業力コンピテンシーを授業力パフォーマンスから推定する方法を検討する。次にＩＣＴ（情報通信技術）なしで実際の教育現場で授業力コンピテンシーを評価する方法を述べるとともに、その困難さを示す。次いでそれらの困難さを緩和できるＩＣＴシステムを三例紹介する。その後、紹介したＩＣＴの活用により、授業力コンピテンシーを評価する方法を検討し、最後にその適用範囲および限界を考察する。

第1節　授業力パフォーマンスから授業力コンピテンシーを推定する

授業力とは何か、評価とは何かなどを深く考えていくと、授業力の評価はかなり複雑で難しいものとなる。そこでそれらの議論は本章の最後で取り上げることにし、ここではできるだけ大まかでシンプルな形の授業力評価を考えることとする。

まずは教員の授業力を、氷山モデルに基づき、便宜的にパフォーマンスとコンピテンシーに分けてみよう。氷山モデルによると目に見える部分がパフォーマンス、それを下支えする目に見えない部分がコンピテンシーとなる。授業力に関していえば、例えば授業評価アンケートやミニットペーパーなどで直接評価可能な部分は授業力パフォーマンスといえるだろう。一方で例えば学習者の顔色を見て、学習者の理解度や気分などの状況を把握する能力であったり、体調が悪くてもパフォーマンスを下げずに授業を行ったりする能力はコンピテンシーといえよう(1)。

ここで行いたいのは、授業力コンピテンシーの評価であるが、これは直接評価することができない。そこでパフォーマンス評価を工夫して行うことでコンピテンシーを間接的に評価することを考える必要があるが、一体どうすればよいのだろうか？　著者がこの問題を考えている時、教員五年目の妻が話していたことをふと思い出した。それは、忙しすぎて授業の準備が間に合わなかったが思いのほか授業がうまくできた時に、自分が成長したことに気づいたというものだった。このことを思い出した時に、はたと以下の考えが浮かんだ。すなわち「授業がうまくできた」というのはパフォーマンスの自己評価であり、「成長した」というのはコンピテンシーの自己評価であろう。そして、コンピテンシーが高いことと、自分自身や周りの状況によらず高いパフォーマンスを一貫して発揮できることはほぼ同義とみなしてよいのではないか、ということである。

以上を認めるとすると、授業力コンピテンシーを評価するには、授業力パフォーマンスの評価を継続的に行い、そのパフォーマンスの高さと一貫性を評価すればよいことになる。もちろんこの方法が唯一絶対なものとは思わないが、コンピテンシー評価の一例として検討する価値はあるのではないだろうか。以下の節では、実際に学校の現場で授業力コンピテンシーの評価を行なおうとした時に、どのようにしたら実現可能になるかを、大学教員を例により具体的に考えていくことにする。

ここで頭を整理するためにパフォーマンスとコンピテンシーの関係を野球のバッターで例えてみよう。すると、パフォーマンスはある一つの試合での打撃成績（直接計測可能）であり、コンピテンシーはそのバッターの実力（直接計測不可能）となる。そのバッターのコンピテンシーは多数の試合の打撃成績（パフォーマンス）の平均などで推定することができるだろう。

第２節　授業力コンピテンシーのより具体的な評価方法

前節では、授業力コンピテンシーを評価するには授業力パフォーマンスの評価を継続的に行い、そのパフォーマンスの高さと一貫性を評価すればよいと述べた。では学校現場で実際にそれを行なうにはどうすればよいだろうか？　さしあたりここでは大学において個人の授業改善を目的として授業力コンピテンシーを評価することとする。また、大学教員は一般に多忙であり、授業改善にあまり大きな時間や労力をかけることは難しい。よって評価自体にかかる時間や労力もできるだけ少ないものとしたい。さらに同じ理由で、教員の普段の活動の流れのなかで実現可能なものとしたい。

（1）「授業力コンピテンシー」は中島の造語で「授業力のコンピテンシー」のこと。ここでは特に、どのような状況でも常に上手に、学習者が目標を達成するのを支援する授業を実施できる力。

例えば、授業後毎回帰宅してから授業一科目につき一時間かけて授業をふりかえるなどの要求は避けたい。以上の条件のもとで授業力コンピテンシー、すなわち授業力パフォーマンスの高さと一貫性を評価する方法を考える。

まず、パフォーマンスの高さをどのように評価するのかを決める必要がある。一般に授業の評価は学生による学期末の授業評価アンケートや授業ごとのミニットペーパーが利用可能であろう。このうちで授業力パフォーマンスを継続的に評価するためには、ミニットペーパーが適切なように思われる。それでは、授業力のパフォーマンス評価として使用するためにはミニットペーパーにどのような質問項目を設定すればよいだろうか？ 各授業には授業目標があり、教員の役割は「学習者が授業目標を達成するのを支援することである」という視点に立つと、授業目標をどの程度達成できたかを学生に質問するのは一つの案として可能に思える。さらに、その質問自体が学生に授業目標の達成を意識させるというポジティブな効果もあるだろう。ただ、学生の自己評価が常に当てになるとは限らないので、より厳密にしようと思うならば、学生全員に授業目標を達成しているかどうかのテストを受けさせ、その点数の平均をある一回の授業の授業力パフォーマンスとすることも考えられる。そして授業力パフォーマンスの評価を一五回全ての授業で行い、その平均と分散を計算すれば、授業力パフォーマンスと一貫性がわかる。平均の高さはパフォーマンスの高さに対応し、分散の小ささがパフォーマンスの一貫性の強さに対応する。このようにして、さしあたり、授業力コンピテンシーの評価が得られる。

さて、以上のようなコンピテンシー評価を行うとした場合、教員は実際にどのような作業を行う必要があるだろうか。ミニットペーパーで授業目標の達成度を学生に質問する場合を考える。すると、授業ごとにミニットペーパーの作成、配布、回収、集計し、その記録を蓄積し、そして学期末には各回の授業パフォーマンス評価を元に集計し、その平均と分散を求める必要がある。もしさらに厳密さを増そうとするならば、授業目標の達成度に関してルーブリックを作成することや、学生に授業目標到達度を質問したあとで、その理由や根拠を挙げさせるようにする必要があるだろう。また、もし授業目標達成のテストを実施する場合には、テストの作成と採点がミニットペーパーの場合に加えて必要となる。さらに、授業改善の目的に使うのであれば、授業期間全体のなかでパフォーマンス評価の高かった回と低かった回をふりかえり、その原因を究明し改善策を練り、それを実行する必要があるだろう。このためには、授業の映像などを記録・蓄積しておく必要がある。

ここまでコンピテンシー評価の方法を少し具体的に述べてきたが、教員にとっては結構ハードルが高いように思う。その理由は少なくとも二点挙げられる。一点目はとにかく毎回パフォーマンス評価とその分析をやらなければいけないことである。一五回の授業で状況が悪い場合が少なく、一～二回であるならば、最悪の状況の時と最良の状況の時の二回を比較、検討すれば、より簡易にコンピテンシー評価が可能となるかもしれない。純粋に授業改善が目的であれば、厳密さを下げることで労力を減らすこともできよう。例えば状況が悪くてうまくいかなかった時だけ、ふりかえりを行ないその原因を追求し、必要であれば学生からの評価を詳細に分析することもできるだろう。二点目は、各授業におけるパフォーマンス評価の実施に伴う労力である。主なものとして、①ミニットペーパーの作成・配布・回収・集計、②ミニットペーパーを含めた毎回の授業記録の蓄積、③ふりかえりのための授業映像など授業内容の記録が挙げられる。ＩＣＴなしでコンピテンシー評価をしようとした時には、特に授業の受講人数が多い場合、教員の負担は多大になる。これらの負担を軽減し、日常的に実施可能にするためにはＩＣＴの支援が必要となるだろう。

本節では、ＩＣＴなしで授業力コンピテンシーの評価を行う方法を検討した。次節以降で授業力コンピテンシー評価にＩＣＴを活用することを検討する。まず次節では、本節で検討した毎回の授業パフォーマンス評価のハードルを上げる三点について、その負担の軽減に役立つＩＣＴの三つの例を紹介する。

第３節　授業力コンピテンシー評価を支援する情報通信技術（ＩＣＴ）システム

本節では、授業力コンピテンシー評価を支援するＩＣＴシステムを三例紹介する。具体的には、①各授業におけるパフォーマンス評価の実施を支援するＬＭＳ／ＣＭＳ、②授業評価資料の記録・蓄積を支援するｅポートフォリオ、③毎回の授業映像の記録とふりかえりを支援する PF-NOTE を紹介する。

◉ラーニング／コースマネージメントシステム（ＬＭＳ／ＣＭＳ）

ラーニングマネージメントシステム（ＬＭＳ）は学習管理システムあるいは学習支援システムと

も呼ばれ、インターネットを利用した学習・教育を実施する場合の中核となるシステムである。コースマネージメントシステム（ＣＭＳ）は学習過程管理システムあるいは授業支援システムとも呼ばれ、特に学校における授業をオンラインで支援するものである。ＬＭＳとＣＭＳはほぼ同義に使用されているが、厳密に分けるならばＣＭＳはより「授業」を意識したシステムといえよう。例えば一五回の授業をコースとしてまとめて管理したりする機能がある。ＬＭＳ／ＣＭＳにより、教員と学生はおおよそ次のことができるようになる。

まず教員に関しては、以下の七点が挙げられる。すなわち、①シラバス、授業目的、到達目標の提示、②授業資料の配布、③レポート・テストの出題、採点、集計、④アンケートの実施、集計、⑤成績管理、⑥電子掲示板によるディスカッション、⑦学生への連絡、である。次に学生については、以下の六点が挙げられる。すなわち、①授業の受講状況の管理、②レポート・テストの提出、フィードバックの確認、③授業資料のダウンロード、④アンケートへの回答、⑤電子掲示板によるディスカッション参加、⑥教員への質問、である。

このような機能を活用することで、授業終了時には　当日の授業のパフォーマンス評価を得ることが可能となる。また、大抵のＬＭＳではコンテンツの複製が可能なので、ミニットペーパーの書式を組織で作成し、個々の教員に提供することも可能である。またＣＭＳによっては、管理者やＴＡ(2)が教員に代わって授業枠をつくりコンテンツを挿入できる場合もある。その場合教員は何もしな

（2）ティーチングアシスタントのこと。大学において担当教員の指示のもと、授業の補助や運用支援を行う学生。

くとも、各授業にミニットペーパーが配置された状態となるため、授業後に集計結果を閲覧するだけでよくなる。このことで教員の物理的負担はかなり軽減されるだろう。

◉eポートフォリオ

ポートフォリオとは「学習、スキル、実績を実証するための成果（work）を、ある目的のもと、組織化／構造化しまとめた収集物」[3]である。eポートフォリオは従来紙ベースであったポートフォリオを電子化したものである。森本によると紙のポートフォリオに対してeポートフォリオには以下の五点の利点がある。すなわち、①内容の再配列や編集、統合が容易、②テキスト・データだけでなく、画像、音声、動画などのデータが扱え、HTML形式やPDF形式など、必要に応じたファイル形式への変換が容易、③多量なデータを保存可能で、保存されたデータは劣化せず、複製も容易に行える、④情報通信ネットワークを通してアクセスが可能、⑤学校内（機関内）だけでなく遠隔地の人々との相互作用が期待できる。

eポートフォリオ作成・閲覧のためにさまざまなプラットフォームがあるが、本質的にはEvernoteやOneNote、Googleドキュメントのようにさまざまなメディアデータが扱え、編集、共有が可能なツールで代用可能である。これらは要するに、後で参照しやすいようにさまざまなデータを記録・蓄積する情報システムである。

eポートフォリオやそれに類似したシステムを活用することで、毎回のパフォーマンス評価の結果を後で確認しやすい形で記録、蓄積することが可能となる。

◉PF-NOTE

PF-NOTEは著者が二〇〇四年から開発している情報システムであり（中島二〇一二）、今回の文脈では根拠に基づく授業のふりかえりを実施するのに使用可能である。授業映像を記録しながら、あるいは記録後に、「良い」や「改善可能」などの評価やコメントを動画上の該当するシーンに付け加えられる。このことにより、例えば、「今回の授業では想定していなかった〇〇が起きました」などとコメントし、実際にそのシーンにマークをつけることで、参照者は授業映像の該当シーンを即座に再生することができる。また、「この一言で眠そうだった教室の雰囲気が変わりました」などとコメントして、該当箇所に「良い」のマークをつけておけば、実際の授業映像という根拠に基づき評価が可能となる。

第４節　ＩＣＴを活用したコンピテンシー評価

第２節ではＩＣＴなしで授業力コンピテンシーを評価する方法を検討した。本節では前節で紹介した三つのＩＣＴ、すなわちＣＭＳの一つであり、東北大学で使用されているISTUシステム、[4] e

（３）「教育分野におけるポートフォリオ〈http://draco.u-gakugei.ac.jp/eportfolio/〉（最終閲覧日：二〇一六年一一月一七日）」。
（４）ISTU（東北大学インターネットスクール）ホームページ〈http://www.istu.jp/〉（最終閲覧日：二〇一六年九月六日）」。

ポートフォリオシステムの代用としてEvernote、そしてPF-NOTE(5)を活用して、より少ない労力で授業改善のための授業力コンピテンシー評価を行う方法を具体的に検討する。ＣＭＳやｅポートフォリオシステムを使用している読者は、自分の環境に置き換えて考えることで、自分の環境における実現可能性を検討できるだろう。

まず厳格さは犠牲になるものの、最も少ない労力で授業力コンピテンシー評価を行う方法を述べる。この場合、ＣＭＳさえあれば実施可能である。

学期はじめにミニットペーパーをＣＭＳ上で作成し、毎回の授業枠内に設置する。授業期間が始まったら、最初の授業で学生に授業目標達成の重要性と、授業の最後で授業目標達成度の自己評価を行うこと、そしてそれが学習にポジティブな影響を与えることを理解させる。そして、毎回ＣＭＳでミニットペーパーを提出させる。教室から自室に戻ったら、もし授業が失敗したと思ったならミニットペーパーの集計結果をＣＭＳで確認し、気になることがあったらその場で授業を思い出しながらふりかえり、気になったことの解消に努める。学期が終了したら、授業目標達成度の平均と分散を表計算ソフトで求め、それを自らのコンピテンシー評価とする。

これを何年か行えば、経験とともにコンピテンシーが変化するのを読み取ることができるだろう。この方法は大変手軽であり、もしミニットペーパーが事前に準備されているとして、学期を通して二回ふりかえりを行ったとすると、集計結果の確認に二－三分、ふりかえりに五分を合計二回、コンピテンシー評価の計算に一〇分ということで半年に三〇分もあれば実施可能であろう。しかしながら、組織的に授業改善結果を示す必要があったり、より厳格なコンピテンシー評価を行う必要があったりする場合には、この方法では不十分であろう。そこで次に、教員および学生の労力は増えるが、より厳格なコンピテンシー評価を行う場合を考える。

より厳格なコンピテンシー評価を行う場合に留意しなければならないのは、その評価が見るものにとって納得できるものなのかということである。授業力コンピテンシーを、授業期間全体を通した学生の授業目標達成度の平均と分散によって求めるという枠組みのなかでは、特に次の二点が考慮すべき点であると思われる。すなわち、①学生の授業目標達成度は正確に測定されているのか、②授業中の教員のどの活動が授業目標達成に貢献したのかという点である。①があやふやだと、そもそも評価を行う意味がない。②がわからないと、教員の授業中の働きかけが学生の授業目標達成を助けたのか、それとも授業とは関係なく授業目標を達成していたのかの区別がつかない。そこで、この二点の厳格化を試みる。

まず、授業目標達成度であるが、一番確実なのは授業目標を達成したかどうかを正しく判定するテストをつくり、実施することであろう。さらに厳格にするならば、テストが確かに学生本人の力によって回答されたかどうかも確かめなければならない。授業科目によっては正解が一つに定まる授業目標達成テストをつくることができ、その場合はCMSで自動採点することで毎回の授業力パフォーマンスを評価することができるが、そうでない場合は採点を手動で行なわなければならない。

（5）PF-NOTEに関しては〈http://www.photron.co.jp/pf-note/practice.html（最終閲覧日：二〇一六年九月六日）〉を参照されたい。

その場合、Courseraなどの MOOCsで行われているように、達成度確認テストの評価を学生同士でさせることが考えられるが、それによって増す学生の労力が、得られる学習成果に見合うかどうかを見極める必要があるだろう。また、学生同士の確認テストの評価そのものが信頼できるかも確認しなければなるまい。さらにこの方法だと、学生同士の評価の集計が現在のＣＭＳではサポートされていないものが多いため、集計の手間が必要となる場合がある。また、授業後すぐに授業力パフォーマンスの評価を得ることができないため、教員にとっては日々の活動の流れのなかに授業改善活動を位置づけるのが難しくなる。

次に授業中の教員のどの活動が授業目標達成に貢献したのかを示す方法を検討する。これは、Evernote と PF-NOTE を用いて実現することが可能であると考えられる。まず、PF-NOTE を用いて、学生に授業目標達成に役立った根拠となる授業シーンと、役立たなかった根拠となるシーンをマークしてもらう。学生にとっては、授業を復習するとともに、授業のポイントや理解が難しかった箇所をふりかえることができるという学習上のメリットがある。また、教員にとっても、多数の学生がマークしているシーンを確認することで授業改善に活かすことができるだけでなく、実際にどの活動が授業目標達成に貢献したのかを知ることができる。図３・１に PF-NOTE の画面を示した。左下に評価のグラフが表示されており、そのグラフの山の高い部分、すなわち多数の学生がマークしている箇所をクリックすると、該当する授業の場面が上に現れ、その部分の動画を再生することができる。コンピテンシー評価を後に参照する人物のために、PF-NOTE のコンテンツを Evernote に記録し、最悪の状況の場合と最良の状況の場合を比較しつつ授業状況の記述や学生の成果物などの補助資料添付による補足を行なえば、より納得度が増すとともに、授業改善にもさらに役立つだろう。

PF-NOTE の授業動画と評価の結びつきは見るものにとって納得感を得やすいが、一方で、授業の特定のシーンが必ずしも授業目標達成に役立っているのではなく、全体として授業目標達成に貢献している場合もあり得る。その場合はポートフォリオを作成する教員がその旨を根拠を示しながら記述する必要があるだろう。また、さらに厳格さを要求するならば、そもそも該当の授業シーンと評価の結びつきが妥当かどうかも検討する必要がある。

第5節　考　察

前節までで、ＩＣＴを活用した授業力コンピテンシーの評価の検討を行なってきた。本節で

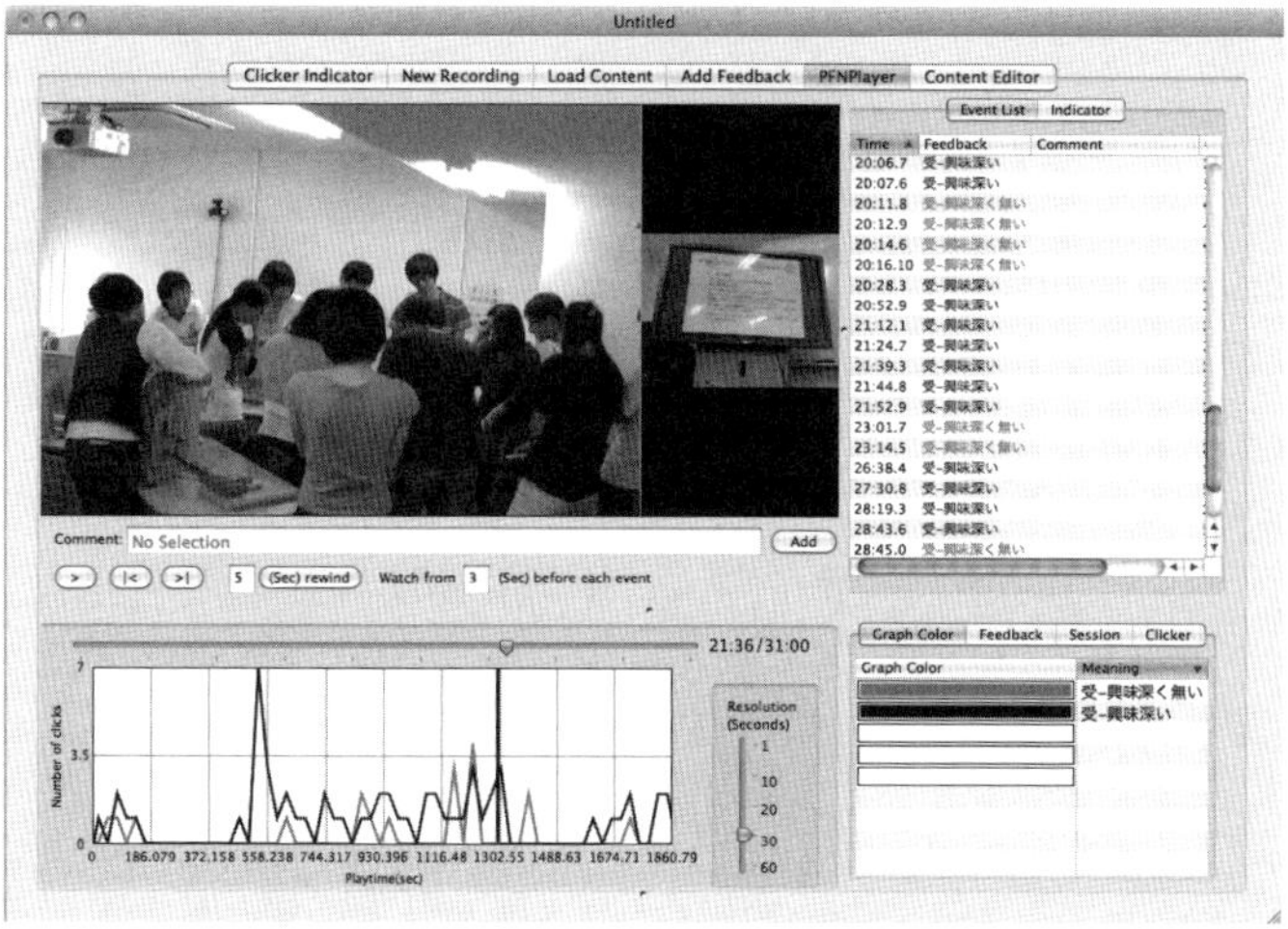

図３・１　PF-NOTE による評価と映像の結びつき

は、これまで述べて来た「授業力」、「評価」、「コンピテンシー」に関してより深く考察し、「ICT活用によって「見えない能力」は評価可能か？」という問いへの答えを探る。

本章ではここまで、「授業力」を「学習者が授業目標を達成するのを支援する力」であると仮に定義し、授業力パフォーマンスは学習者の授業目標達成度により測定するとした。しかしそもそも、授業力を「学習者が授業目標を達成するのを支援する力」と定義してよかったのだろうか？　大学の場合、授業目標の決定は教員に委ねられている場合が多いと考えられる。それゆえに、授業目標自体が当該学生集団や、部局、大学にとって適切であるかどうかは検証の必要があるだろう。以上に鑑みると、授業力のなかには大学と学生にとって適切な授業目標を立てる力も含まれなければならない。また、教育の目標としては授業目標だけでなく、大学全体の教育目標や部局の教育目標もあるので、より大局的な目標への貢献度も考慮する必要があろう。さらに目標に示されていなくとも、例えばある学生が卒業して二〇年たってから、「あの先生から学んだことが私の人生を支えている」と思ったとして、このように学生に大きな影響を後々に与える力を授業力に含めることはできないのだろうか？

また、学校教育での授業力の定義も無視することはできないが、現在のところ、「授業力」の定義としてはまだ定まったものはない。ただし授業力の構成要素として「学習者理解に努めること」、「教材研究の重要性」、「授業技術」、「学習集団づくり」の四つの視点が共通にみられるといわれている。[6] これらはむしろ授業力パフォーマンスより、授業力コンピテンシーの内容を表しているものが多いように思われる。今回は授業力コンピテンシーの具体的な内容にはふれずに授業力コンピテンシーの評価を試みたが、場合によっては直接コンピテンシーの内容に言及する必要もあるかもしれない。

授業力の評価として、今回は客観性を重視したために学生による授業目標達成度の評価を使用した。しかしながら、客観性をある程度犠牲にしてもかまわないのであれば、授業力コンピテンシーを評価するものとして、ティーチングポートフォリオの使用も検討の価値がある。ティーチングポートフォリオは特に教育業績を記録する資料の集合であり、一人の大学教員の教育活動について、最も重要な成果の情報をまとめたものである（セルディン二〇〇七）。主に昇格に関する決定あるいは教育の改善のために用いられる。重要な点として、ティーチングポートフォリオは教育活動に関して十分に考えて選ばれた情報と、教育活動の有効性に関する確かな証拠資料を提示するものでなければならない。従来の学生による授業評価や同僚の観察などのこれまでの評価が教員の教育スキルや能力の一部分を照らすにすぎないのに対して、ティーチングポートフォリオは教育のスキル、能力、姿勢、価値観を幅広く照らし出す。典型的な構成の例として、以下の四つの要素が挙げられる。すなわち、①価値観や信念などの教育の理念、②教師としての自分の目標や学生に対する期待などの教育の目標と目的、③授業評価やウェブページなどの根拠資料、④試験問題やレポートなどの教育と学習の表現である。教員はメンター(7)とともに数日間、作業時間として約一二－一五時間を

（6）〈http://www.edu-c.pref.miyagi.jp/longres/H20_A/jouhou/jou5.pdf（最終閲覧日：二〇一六年一一月二日）〉
（7）ここでは、ティーチングポートフォリオ作成時の助言者。

かけてティーチングポートフォリオを作成する。この作成のプロセスのなかで教員は自分自身の教育を深くふりかえることができ、授業や教育の改善へつなげることができる。

著者自身も二〇〇八年一月にティーチングポートフォリオの第一人者であるピーター・セルディン氏をメンターとしてティーチングポートフォリオを作成した経験がある。教育者としての自分と深く向き合うことで、確かに自分の教員としての使命や価値観を明確に認識できた。今ふりかえると、ティーチングポートフォリオの作成は、メンターとともに自分の授業を含めた教育に関して深く内省し、授業力コンピテンシーの一部を相手に説得できるように表明する活動だと捉えることができる。しかしながら、非常に時間と労力がかかった経験でもあり、実質的にはメンターを必要とすることからも、このままの形式では、昇進やテニュア(8)獲得に影響するといったことがない限り、日本の大学教員が利用するのは難しいと感じた。ゆえに日本の授業・教育評価としてティーチングポートフォリオを用いる場合には、内容を授業に限定するなどの簡易化が必須だと思われる。

次にコンピテンシーに関する考察を行う。今回は氷山モデルに従ってパフォーマンスとコンピテンシーを位置づけ、パフォーマンスの高さと一貫性によりコンピテンシーを評価することを試みた。そこではコンピテンシーの内容を直接問うことはせず、あくまでもパフォーマンスを通して間接的にコンピテンシーの評価を行った。もしかしたら授業改善や評価の徹底的な可視化を求める組織や教員のなかには、どのコンピテンシーを高めればそのパフォーマンスに影響するのかを知りたいと思う人がいるかもしれない。その場合、今回のコンピテンシー評価は不十分な情報しか提供できないであろう。先に示した学校教育における授業力の定義のなかで「学習者理解に努める」というものがあった。これは直接評価することが難しい授業力コンピテンシーの一つといっていいだろう。これを可視化して評価することは可能かもしれない。しかし、おそらく「学習者理解に努める」を支えるコンピテンシーとして、学習者への興味や他者に対する敬意のようなものが想定され、さらにそれを支えるものとして……のように、より深いコンピテンシーを考えることができよう。そしてその深さが深まれば深まるほど、被評価者の心の内部が可視化と評価にさらされる。個人的には、被評価者を守るためにも、公にする評価はあくまでパフォーマンスを基準とし、特に本人の心の奥に深くつながるコンピテンシーの直接的な評価は厳格には行うべきではないと考える。

最後に、これまでの議論をふまえて、「ＩＣＴ活用によって「見えない能力」は評価可能か？」を考察する。まず前提としてここでは授業力パフォーマンスの高さと一貫性によって授業力コンピテンシーの評価を行うこととした。それゆえこの前提にあてはまらない場合は、本章で提案した方法によるコンピテンシーの評価はできない。次に、授業力パフォーマンスを「学生の授業目標達成度」によって評価しているため、より広く深い文脈で授業力を捉える場合にはそのままでは適用できないだろう。続いて、実際の学校現場で実現することを考えると、少人数授業以外ではＣＭＳの利用が必須となろう。また、より厳格な評価が必要な場合には、授業目標達成度テストの作成とその採点など、より高い労力が必要となるうえに、ｅポートフォリオやPF-NOTEのようなＩＣＴシステムの援用が必要となるだろう。また、コンピテンシーはパフォーマンスを通して間接的に評価

（8）大学における終身雇用資格。

しているので、コンピテンシーの内容を評価したい場合にも直接適用はできないと考えられる。また、パフォーマンスの平均と分散によってコンピテンシーを評価しているため、短時間でコンピテンシーの評価を得たい場合にも適用は難しいであろう。こうした制限はあるものの、評価の厳格さをある程度犠牲にできるのであれば、学校の現場で実際に適用可能な一手法として、本章で示したＩＣＴ活用したコンピテンシー評価は可能であるといえよう。

【文　献】

セルディン・Ｐ／栗田佳代子［訳］（二〇〇七）『大学教育を変える教育業績記録―ティーチング・ポートフォリオ作成の手引』玉川大学出版部

中島　平（二〇一一）「PF-NOTEを活用した教育」渡部信一［監修］東北大学大学院教育情報学研究部［編］『高度情報化時代の「学び」と教育』東北大学出版会、八三－一〇四頁

◆ミニ対談

中島　平×渡部信一

◎「コンピテンシー評価」に対するＩＣＴ活用の意義

渡部　中島さんは、「授業力コンピテンシー」を「授業力パフォーマンスの高さと一貫性」で語ろうとしています。どのような状況でも常に上手に授業を実施することができる能力が「授業力コンピテンシー」ということですね。そのような能力があるから平均も高いし一貫性もあるということは、ある程度納得できます。

でも、何か違和感がある。中島さん自身、最後に書いていますが、やっぱり「授業力コンピテンシーって何？」という本質的な問題の回答がみえてこないと……ここで中島さんがみているのは、単に教師の「パフォーマンス」の特質に過ぎないということになってしまうかもしれない。これだと、授業を改善しようとして「評価」するんだけれど、最終的に何に着目して改善すればよいのかがわからなくなってしまうのではないですか？

中島　確かに、「授業力パフォーマンスの高さと一貫性」によって間接的に「コンピテンシー」を評価しようとすると、「コンピテンシーとは一体何か？」ということが置き去りになってしまいますね。

そこであらためて「授業力コンピテンシーとは何か？」と問われれば、本文中で一応の定義に示したように「学習者理解に努めること」、「教材研究の能力」や「学習集団づくりの能力」などが挙げられると思います。また、ティーチングポートフォリオの項目で示したように、「教育の理念」や「教師としての自分の目標」なども挙げられるかもしれません。もし、授業改善に用いるのであれば、これらの項目を示して内省を促すことで、授業改善のための気づきが得られることが期待できそうです。優れた指導者でしたら、本人がまだ気づいてはいないけれども、改善の準備ができている「コンピテンシー」を本人に最適な方法で示すのではないかと思います。

渡部　ここでいう「本人」は「教師自身」で、「指導者」は「教師の授業力を改善するためのスーパーバイザー」ということですね。

中島　はい。例えば、「学習者理解」のコンピテンシーに関して指導者から直接教えてもらいたい教師に対しては、指導者は学生の表情の変化の映像を見せながら、それに教師自身が気づいていたかを尋ねたりするのではないでしょうか。また、教師に学習者理解の元となる人間観察を習慣づけさせることを目的として、例えば日常で会話の相手の表情を観察するように促すかもしれません。また、「コンピテンシー」の項目も厳格なものでなく、相手の性格や状況によって取り上げたほうがよい項目を選ぶのではないでしょうか。

渡部　スーパーバイザーが各々の教師に対し、性格や状況に合わせて「どのようなコンピテンシーが大切か」を判断するということですか?

中島　はい。「コンピテンシー」の項目・評価をあえてあいまいにすることで、授業改善に役立つように思います。一方で「コンピテンシーを厳格に評価する」、すなわち正確に測定し、価値をつけることには、難しい問題があるように思います。

渡部　そう言ってしまうと、「じゃあ、どうしてICTを活用するの?」っていう疑問が出てきちゃう。ICTを活用する一つの大きなメリットが「効率よく正確に測定できる」ことだと思うので。

中島　私自身は、「人間の評価を行うことは二つの点で工業製品の性能評価をする場合とは大きく異なる」と考えています。

第一に、評価の実行自体が評価対象の人間に影響を与えるという点、第二に、そもそもコンピテンシーを厳密に定義することが難しいうえに、それを直接正確に測定することが可能かどうかもわからないという点です。特に、本文でも述べたように、個人の心のより深い部分に焦点を当てたコンピテンシーを扱おうとすると、この問題はさらに重要度を増すと考えます。

渡部　そうなると、ますますICTを活用する意味がわからなくなる。

中島　結局のところ「コンピテンシーを厳密に評価したい」というのは、そのコンピテンシーを見たい人、つまり他者を納得させるためのように思います。

渡部　例えば?

中島　例えば昔の人だったら、人のコンピテンシーを評価する時、巫女さんが神のお告げで「あの人のコンピテンシーは優れている」というようなことを話せば、「その人のコンピテンシーは優れている」ということを納得させられるでしょう。

渡部　一般の人には見えないけれど、「あの人は神様のような能力をもっている」と巫女さんが言えば、一般の人は信じてしまう。

中島　はい。今だったら科学的に証明された数値によって納得させられるのでしょうが、そもそも人間の微妙な心の働きによる活動を科学的に正しく厳密に測定しようという問題の立て方がよいのかどうか、現時点では結論が出せません。

いずれにしても、このような科学的なアプローチの適用範囲と限界点をもう少し明確に示せるようになるとよいと思います。

渡部　私はかつて、川口陽徳氏と漢方医学の「名人」浅田宗伯のノウハウをデジタル化という視点から議論したことがあります（渡部二〇〇七）。ここで簡単に紹介してみましょう。

◎「漢方医学」のデジタル化に関する話し

渡部　川口氏によると、宗伯は〈漢方医道的知〉を「医学」、「医術」、「医道」という三つの要素に分けて把握し、継承しようとしていました。以下は、私が川口氏から教えていただいたことです（渡部二〇〇七）。

第一の「医学」は、書物に書いて表すことができる「知識」です。具体的には、生薬の性質やその組み合わせなどです。漢方医学を学ぶ門人たちに対しては、口頭の試験などでこの「医学」の習熟度を確認していたようです。門人たちは語呂合わせを用いるなど工夫して知識の丸暗記を行っていた、とする記録も残されています。

中島　「医学」はデジタル化できそうですね。いわば「専門知識のデータベース」ですね。

渡部　問題なくできると思います。第二の「医術」ですが、これは病人を前にして医師が行う診断技法のことを指します。これは「四診」といわれる漢方医道の独特の診断方法で、病人の全体像あるいは舌・爪・皮膚などの部分を視覚を通してみる「望診」、病人に直接触れて行う「脈診」と「腹診」をまとめた「切診」、そして、聴覚・嗅覚を通じて呼吸や腹振音、病人の話し方、汗や排泄物などを確かめる「聞診」、病人に対して既往症や嗜好、日常生活や親の体質、時には家庭の状況までの質問をする「問診」のことです。このように、「医術」とは、その全てを言語化することは難しい五感を駆使した「身体技法」として捉えてよいと思います。

中島　「医術」も、ある程度はデジタル化できる気がします。たとえ言語化することは難しくても、最先端のセンサー技術を駆使すれば、脈診や身体から出る音などは記録できます。

渡部　そうですね。「医術」の継承は、宗伯の診療室とその隣の部屋にあった薬局において、実際の病人の治療の様子を門人が見るなかで行われていました。実際には、門人にはそれぞれ役割があり、ただ座って見るというよりは治療の補助をしながら見ていたようです。

中島 まさに「アクティブ・ラーニング」ですね。

渡部 最後に「医道」についてです。ここまでの「医学」、「医術」という言葉は、浅田宗伯の著述のなかでもある程度整理して用いられていますが、「医道」という言葉は、かなり広く用いられています。川口氏によると、「医道」という言葉には「医学」、「医術」にあてはまらないものの、漢方医道の継承において不可欠な要素が含まれています（渡部 二〇〇七）。

中島 「医道」こそまさに、デジタル化できないところですね。

渡部 そうですね。「医学」、「医術」のデジタルはある程度できそうですが、「医道」に関してはかなり難しそうです。具体的に言うと、「医道」には「医師としての心構え」、「病への臨み方」、「いかに病人との信頼関係を築くか」、「診断の流れを知ること」、「日常生活の過ごし方」などが挙げられます。

中島 まさに「コンピテンシー」ですね。

渡部 そうとも言えますね。昔の日本にはこのような徒弟制度のなかで、特に内弟子制度などで「コンピテンシー」を育てていくといういわば「教育システム」が存在していました。

中島 今はすっかり見られなくなってしまいましたね。

渡部 はい、効率を重視する現代社会には受け入れられないのかもしれません。でも、ここで非常に私が面白いと思うのは、「なぜ宗伯が〈漢方医道的知〉を「医学」、「医術」、「医道」という三つの要素に分け継承しようとしたか」です。

中島 なぜですか？

渡部 浅田宗伯が、本来なら分節化出来ない〈漢方医道的知〉を、あえて分節化して門人に伝えようとした理由です。まず、浅田宗伯は幕末から明治期にかけて活躍した人なのですが、理論よりも実際の治療におけるさまざまな「経験」を重んじて門人を指導していました。

ところが、そのような〈漢方医道〉が二つの側面で衰退してきた。一つはこの時期、書物を読んで知識を得ただけの「素人医師」、つまり病人を治せない医師が横行していたという点です。そしてもう一つが、明治維新を機に西洋から近代医学が日本に入ってきた。

つまり、系統的に医学を教育するというシステムが入ってきたわけです。
中島　なるほど、近代的な医学教育が始まったわけですね。
渡部　その通りです。当時、漢方医界の中心にいた宗伯は、外部からの西洋医学という新しい台頭勢力と継承の行き詰まりという内部からの崩壊の二重の危機に直面していた。そのような時代のなかで、何とかして漢方医道を後世に残そうとしたわけです。
中島　ある意味で「面白い時代」ですね。
渡部　はい。江戸中期の漢方医たちは「とにかく師匠の治療を真似るしかない、紙にも書けないものなのだ」と考えていた。まさに「アナログ世界をアナログのままで継承する」ということですね。でも、江戸末期、浅田宗伯の時代になり、そのような伝統的な継承方法は機能不全に陥ってしまった。一方で、外部から西洋医学がどんどん入ってくる。そこで宗伯は、ある意味、最後の手段として「わざ」の世界を何とかして……。
中島　何とかわかりやすい形で継承できるように工夫し、後世に残そうとしたわけですね。
渡部　宗伯は「アナログ世界をアナログのまま丸ごと継承する」というそれまでの方法をあきらめて、本来分けることができない〈漢方医道的知〉を「医学」、「医術」、「医道」という三つの要素に分けて継承しようとしたわけです。
　だから……「時代」という要因が非常に大きい。そのような意味で、もちろん今の時代は宗伯が生きていた時代とは違うけれど、「ＩＣＴが簡単に使用できる時代」になった。だったら「コンピテンシー」のような外からは「見えない能力」あるいは「見えにくい能力」であっても、何とかＩＣＴを活用すれば「評価」に近づけるのではないかと……。
中島　なるほど。確かにＩＣＴの活用によって従来は見えなかった能力を、ある程度は評価できるようになってきていますね。例えば今回の例でも、従来ならその瞬間に消えてしまい記憶の形でしか残せなかった、授業の映像とある瞬間の複数人による授業の評価を、ＩＣＴによって電子的に記録し可視化できるようになっています。
　最後に一つ述べたいのは、コンピテンシーの重要度とコンピテンシーが評価可能かどうかを混同しないようにしたい、ということです。見えないものはないものとされがちですが、特に問題が複雑な場合には、見えないものにこそ本質が隠れていることが往々にしてあるものですから。

渡部　本書の執筆者のなかでは唯一の「エンジニア」である中島さんですが、ずいぶんと深いところまで考えていることに驚きました。エンジニアはみんな「ＩＣＴ活用によって何でもできる」と考えている、と勘違いしていました（笑）。

【文　献】

渡部信一［編著］（二〇〇七）『日本の「わざ」をデジタルで伝える』大修館書店

第4章　日本の「わざ」習得と「コンピテンシー」の役割

佐藤克美

本章では日本の「わざ」習得と「コンピテンシー」の役割について考えていく。日本の「わざ」の習得は、師匠の再現にはじまり工夫を重ねることで「なぜこの表現をするのか」の理由がつくられていく。そしてついには自身を表現するという道をたどる。この「なぜこうするのか」という理由がコンピテンシーといえ、芸や職の「道」となり継承されていく。また「わざ」習得には「よい師匠」の役割が重要で、師匠のいない状況ではコンピテンシーを高めることは難しく、「わざ」の習得は困難になると考えられる。テクノロジーも師匠がいる状況で使うことではじめてコンピテンシーを深めるために役立つものとなる。

第1節　「わざ」のコンピテンシー

筆者は二〇〇六年よりモーションキャプチャを用いてのミュージカル俳優の舞踊の熟達、郷土芸能の継承支援を行っている。

モーションキャプチャとは、身体の動きを計測するデジタル機器である。例えば光学式と呼ばれる手法では、身体中にたくさんの小さなマーカ（目印）を貼りつけ、そのマーカを複数台のカメラで撮影することで三次元の位置を求める。映画やゲーム等では欠かすことのできないテクノロジーの一つである。

さて、「モーションキャプチャを使って郷土芸能を支援している」と言うと、他の人から大概次のような質問を受ける。

「モーションキャプチャだけでよいのか？　他の部分はどうするのか？」

確かにモーションキャプチャは動作を計測するだけの機械である。したがって音などの動きとは関係のない要素はもちろん、髪の毛や衣装の動きなども計測されない。そのためモーションキャプチャだけではダメで、さまざまなテクノロジーを組み合わせ、記録できない部分を補っていかなければならない。

しかしながら質問者はこのような回答を求めているわけではない。芸道や職人の「わざ」[1]には形だけではない重要な何かがあることを私たちは漠然と理解しており、熟達者の「わざ」を目の当たりにすれば、素人でも（それなりに）その凄さを感じることができる。彼らが問うているのは、テクノロジーで捉えられるものは「形」だけで、その奥に潜む「形」には表れないより大事なものが抜け落ちてしまうのではないかということである。この「形には表れない大事なもの」のことを「コンピテンシー」と呼ぶ。コンピテンシーとは、「高いレベルの成果を安定的に出せる能力、その行動特性」であるという（ヘイコンサルティンググループ二〇〇一）。また松下（二〇一〇）は、「行為の現れ」をパフォーマンス、「行為の可能性」をコンピテンシー（コンピテンス）とし、コンピテンシーがある（高い）というのは、「様々な状況で適切な行為が現れやすい姿勢にある」としている。このコンピテンシーについては、ボヤツィス（Boyatzis, R. E.）やスペンサーら（Spencer, L. M. & Spencer, S. M.）のモデルがよく用いられる（図4・1）。これはスキルなど観察しやすい能力が見えない能力をもとに発揮されていることを表している。

現在、コンピテンシーについては多分野からさまざまな解釈が出回っていて、これまで「これだ」といえるものはないようであるが（加藤二〇一一）、本章では、観察しやすい、表に現れる能力を「パフォーマンス」、逆に観察が難しい、もしくはできないが確かに存在し、パフォーマンスを発揮するために必要となる能力を「コンピテンシー」とする。

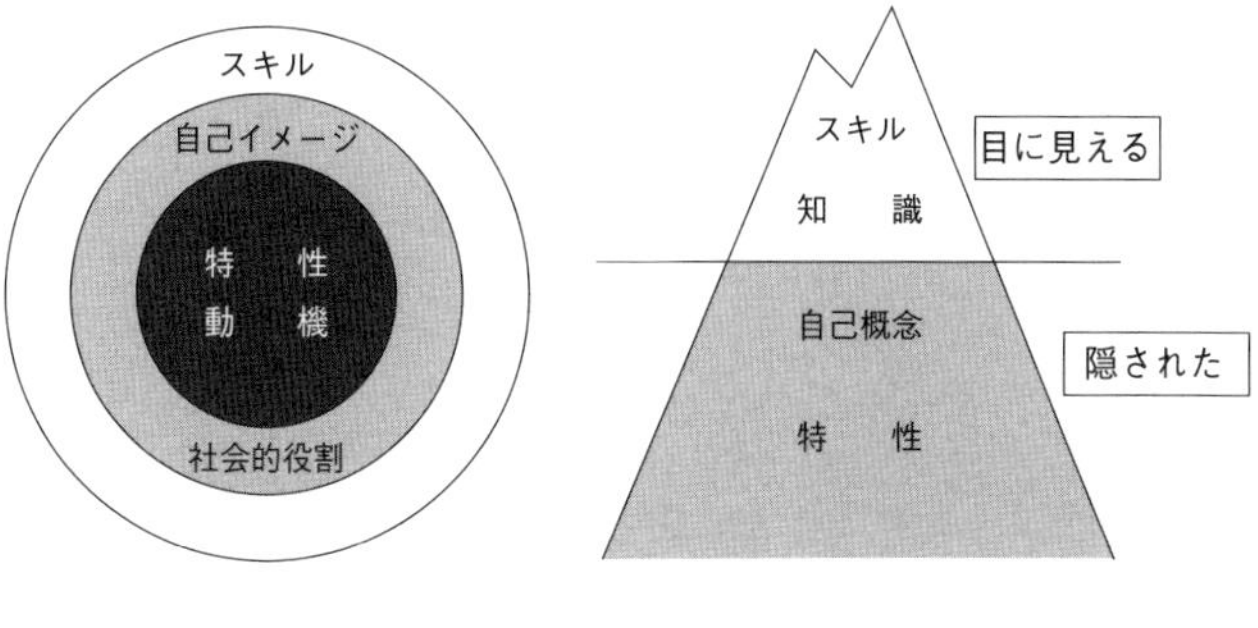

図4・1　ボヤツィスやスペンサーらによるコンピテンシーのモデル
（加藤（2011）の図をもとに作成）

（1）「芸道とは何か」については多くの視点があるようだが、本章では阿部（一九九七）の文を借りて、「門付け」や「猿回し」のような大衆的芸能を基盤としつつ、強い宗教的精神性が付加された日本の伝統的芸術分野」と緩やかに定義しておく。

最初の「モーションキャプチャだけでよいのか？　他の部分はどうするのか？」という質問は、「パフォーマンスの支援だけでよいのか？　コンピテンシーは支援できないのではないか？」と言い換えることができるだろう。

テクノロジーはコンピテンシーを支援できないのだろうか。そこで本章では日本の芸道や職人の「わざ」の習得においていかにコンピテンシーが学習され評価されているのか考えていきながら、テクノロジーをコンピテンシーを高めるために用いる場合の問題点と可能性について検討する。

第２節　木は削ってみないとわからない

コンピテンシーを「行為の可能性」と考えると、私などが真っ先に思いつくのが「才能」や「センス」といわれる言葉である。同じように学んでいるはずでも、飲み込みが早くすぐ上達する者と、そうでないものがいる。能を大成した世阿弥もその書のなかでたびたび「生得」のものがあると述べている（世阿弥　二〇一二、世阿弥　一九三二）。才能やセンス、さらには体格・容姿なども含めて、生まれもってのものがあり、それは後から獲得できる能力ではない。人はそれぞれ皆違う何かをもっているというのは事実であろう。

もう一つ思いつくのが、例えばある弟子を見て、「今は全然ダメだけど、将来あいつはきっと大成する」と師匠が評価するようなことである。このことについて、日本の伝統的建築の屋根材である檜皮葺《ひわだ》・柿葺《こけら》職人の原田（二〇〇五）は、職人らしく人の本性を木に例えて次のように述べている。

木というのは、結局のところ鉋をかけてみないとわからない。素直な佇まいの木でも、内部に依怙地な捩れや歪みをかかえていたり、大きな死に節を抱いていることもある。…（中略）…人間も似たようなもので、ひと削り鉋をかけてみないと、その子の本性というものはちょっと見ただけではなかなかわからない。（原田 二〇〇五：一三四）

しかも、不器用で飲み込みが悪いと思っている者ほど大成することが少なくないそうで、一流の職人でもその人の伸びしろを早くから見抜くことは簡単ではないようである。

原田は職人に向いている人として、「気構え」、「気配り」ができる人、また「我慢」ができる人と述べている。また、宮大工の菊池（二〇〇八）が弟子を採用する際に評価するのは「真面目さ」と「やる気・覚悟」だそうだ。こういった人が将来よい職人になるという。逆に、手先が器用とか造形感覚に優れているとかいった私たちが職人に必要だと考えるような能力はあまり必要ないらしい。

つまり職人になるにあたり、さしあたってもっているべきコンピテンシーは何かと問われれば「真面目」とか「我慢強い」などという精神性や人間性となる。これらは、図4・1のモデルにおいて根幹をなす「特性」や「動機」に分類されるべきコンピテンシーであり、将来パフォーマンスを発揮するための重要な要素であることに疑いの余地はない。しかし、職人のコンピテンシーが「真面目さ」や「我慢強さ」だけではないことも明らかで、一人前の職人ともなると、さらに何らかのコンピテンシーをもっていることに間違いはない。

結局、「稽古の劫入りて位のあらんは、常の事なり（世阿弥二〇一二）」と世阿弥もいうように、稽古を積んだ結果として芸位が備わるのが普通である。日本の「わざ」はパフォーマンスもコンピテンシーも学習を始めてから鍛えあげられるものなのであろうと思われる。

第３節　「わざ」の習得

「わざ」の習得過程について研究した生田（一九八七）は、「わざ」の熟達の過程としては、まず「形」の模倣から始まり、やがて模倣を続けながら自分なりの工夫を加えるようになると述べている。そして、工夫をしながら芸道の世界全体の意味を一つの整合的な関連として把握していくこと、これが「わざ」の習得であり、そのためにはその世界に潜入することが必要であるという。生田（一九八七）はこの「わざ」の習得過程を「「形」の模倣から「型」の習得」と呼んでいる。

また、阿部（一九九七）によれば、芸道の技芸はカンやコツといった個の感性の錬磨によって獲得されるもので、やはり師匠の技芸やその芸風の模倣・遵守から出発するという。さらに熟達が進むにつれ創造の技芸に進むが、基礎的技芸から創造の技芸には大きな乖離があり、その境地たる至芸の内容は禅の悟りにも似たきわめて漠然としたものであるのだそうだ。

以上のことをまとめると、「わざ」の習得とは、よい師匠につきその「形」を模倣することから始め、やがて自分で工夫を重ねながら芸を創造できるようになっていくことである。そして最終的には世界全体の意味をつくり上げ、悟りにも似た「至芸」に達することなのである（図４・２）。

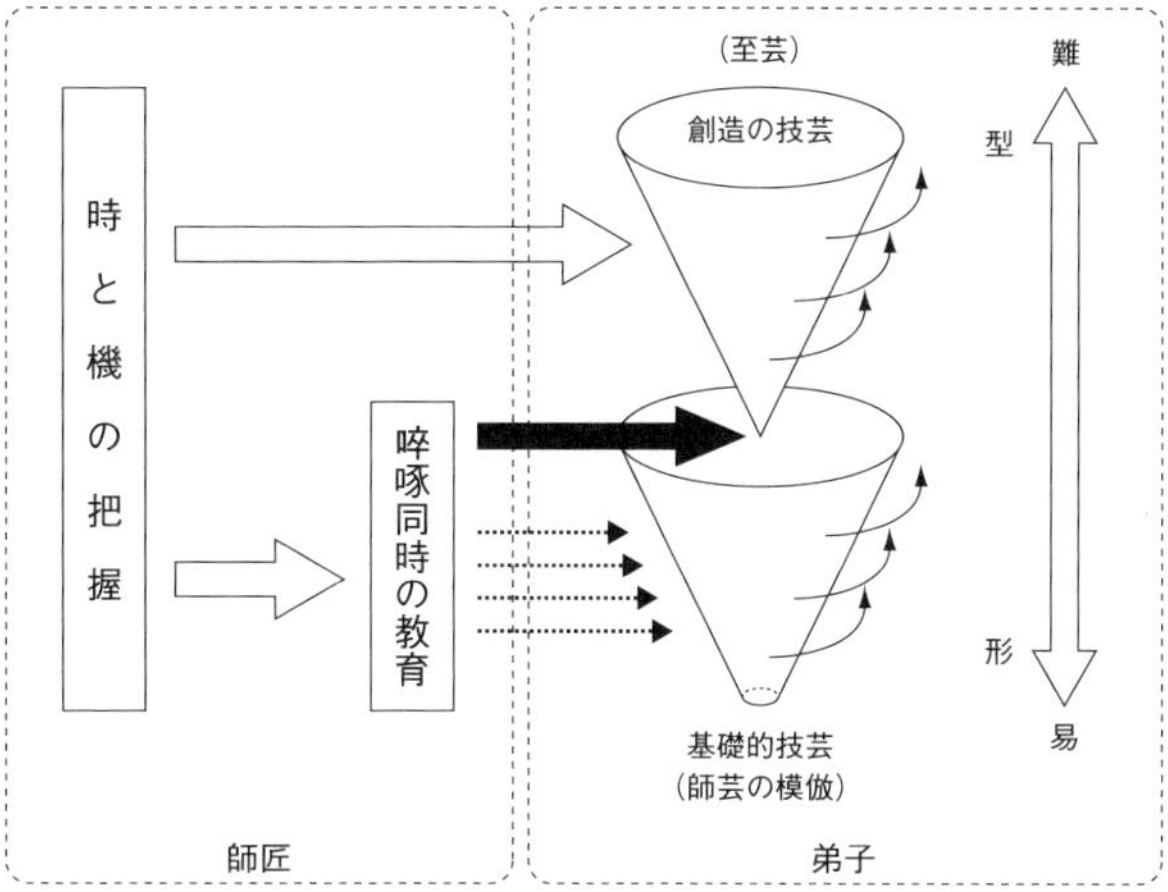

図４・２　芸道の熟達（安部（1997：86）をもとに作成）

この日本の「わざ」の習得過程をパフォーマンスやコンピテンシーの習得という言葉で整理したい。

まず弟子が「よい師匠」につくことから「わざ」の学習は始まる。この「よい師匠」とは「親切で面倒見のよい師匠」ということではない。師匠に関して、生田（一九八七）はモースの「威光模倣」について述べている。人は同じ社会の権威ある者の動作を模倣しながら、文化や習慣を身につけていくのであり、「形」の模倣は、「個々の模倣者に対して秩序立ち、権威のある、証明された行為をなす者の威光」を当の模倣者が認識していることが前提となっている（生田 一九八七：二七）。簡単にいってしまえば、弟子からみて師匠が「本当に凄いと思える人」＝「良い師匠」でなければ模倣は始まらないということである。これは図４・１でいえば、根幹をなす「特性」や「動機」をつくることにあたると考えられる。つまり、「絶対的存在の師匠を認めること」でコンピテンシーの基底部をつくりだすのである。

よい師匠についた後に「形」の模倣が始まる。弟子はひたすらパフォーマンスを高めることに終始する。「スキル」や「知識」を身につけていくのである。この点について歌舞伎役者の一一代目市川團十郎は次のように述べている。

まず手を出しなさいという。手を出すと、「いや、それじゃだめだよ、もっと上だよ」「上がりすぎだもっと下だよ」「ここだよ」と教える。…（中略）…何回も繰り返し教える人をそっくり真似しているうちに、何も考えずにそこの位置に手がいくわけですよ。そうすると、何も思わなくとも、その役柄らしく見える場合もある。（光森 二〇〇三：二八）

何も思ってなくとも、何も考えずにできるようになるまで模倣するのである。そして模倣を繰り返していくうちに弟子は徐々に自問自答するようになる（生田 一九八七）。菊池（二〇〇八）は「なぜできないんだろう」、「なぜああするんだろう」といつも自問し、答えを求め続けることが重要であると述べている。この自問自答を可能にするのが「よい師匠」の存在である。「どこがダメなのだろう」、「何でよいのだろう」、「どういう意味だろうか」、これらの自問は「よい師匠」がいてこそはじめて湧き上がるものなのである。

このような自問自答を繰り返しながら模倣を続けていくうちに、自問自答に質の変化が起こる。師匠の視点（客観的な視点）で自分を見るようになるのである。このことについて生田は、文楽三味線方、鶴沢寛治の「わざ」習得の回顧談を紹介している。

書いた手をひかずに、同じところと違う手がありますな、これ弾いたらどう言わはるやろ思うて私がやると、黙ってはります。それでもええのやったということで、（その後で）また自分にあった違うた手を弾いてみたんですが、（師匠は）お前はそれどういう心で弾いてんのやてこう言わはります。それで答弁がでけなんだら叱られました。これはこういうつもりで弾いてますっていうと、うん、そいじゃそれをもう一つこう柔らかくとか、色合いをもてとか、堅い心で弾けとか言われました。その答弁がでけなんだら睨みつけてからに怒られました。（生田一九八七：一五九‐一六〇）

パフォーマンスを高めようと練習していくうちに、やがて自分のパフォーマンスが見えてきて、師匠の視点（客観的視点）をもつようになる。「これ弾いたら（師匠は）どう言わはるやろ」ということばにある通り、徐々に自分なりの工夫を始める。さらに自分がわかってくると、パフォーマンスを自分なりに矛盾なく理解できるようになる。このパフォーマンスがなぜ発揮されるのか、その理由ができあがるのである。つまりコンピテンシーの高まり（むしろ深まりといったほうがよいかもしれない）が起こる。これは図4・1の「自己イメージ」や「社会的役割」の開発といえるだろう。阿部（一九九七）が「基礎的技芸から創造の技芸には大きな乖離がある」と述べるのは、パフォーマンスの向上からコンピテンシーの深まりへの学びの変化が起こるからである。さらに進むと、自ら世界全体の意味を整合性をもって納得できるようになる。ついには禅の悟りにも似た境地に達し「至芸」となる。「型」の習得である。コンピテンシーが最大限まで深まった状態が至芸である。もはや「自己の特性」や「動機」をも超えた域であるといえよう。

日本の「わざ」の学習は、自分のない状態から始め、師匠によく似るようパフォーマンスを高めていくなかで、師匠の考えを自分のものとしコンピテンシーを深め、自分がある状態へ進んでいくというシステムをとっている。師匠の再現を続けることで自身を表現できるようにするという学習なのである。

日本の「わざ」の習得過程はパフォーマンスの習得からコンピテンシーの習得という過程を踏んでいるのである。そしてコンピテンシーの習得には、パフォーマンスの習得が必須なのである。

第４節　師匠によるコンピテンシーの評価

「わざ」の習得は、学習者が主体的に学びとっていくものとされる。そのため、「わざ」の学習は、「教えてもらうものでなく、盗むものだ」とよくいわれる。しかし、これは師匠が何も教えない・何もしないといっているわけではない。「盗む」というのは、自身の実践のなかで習得していくことを表した言葉であり、主体的に師匠から「わざ」を学ぼうとする姿勢の表れである。

実際には師匠は弟子にたくさんのことをしている。まず師匠は、弟子に模倣させ続けなければならない。このためには「よい師匠」であり続けることが必要であり、それゆえ師匠もさらなる熟達を目指し稽古に励まなければならない。

また、師匠は学ぶこと（もの）を与えなければならない。どの芸道・職にもはじめのうちに習うべきことがあり、簡単なものから難しいものへと段階的に進んでいく。ここで気をつけたいのは「段階的」の考え方が西洋の学習とは全く異なる点である。例えば、ピアノであればバイエル、ハノンに代表されるように、西洋では必要な技能を分析し細く分解し、易から難へ並べていき、全ての学習者がそれを順番にクリアしていくことで学習を進めてく。ところが日本の場合は、技能を細かく分解せず、総合的に学んでいく姿勢をとっている。また易しいもの・難しいものの判断も芸・職の種類、師匠によって異なることがしばしばあり、弟子によって学習することの順番・内容が異なることも多い。「この弟子はこの曲があっているから先にこっちをやる」などという話はどの芸道・職からもよく聞かれる話である。師匠は自身の裁量で弟子の学ぶことを決定していく。

職人の育て方について菊池は次のように述べている。

> 木がそうであるように、人もまた一人として同じ者はおりません。みなそれぞれに癖があり、得手不得手を持っています。腕がいいのもいれば、悪いのもいますし、飲み込みが早いものもいれば、遅いものもいます。実にさまざまです。それが人というものです。
> それをどうやって育てて、使うかと言ったら、やはり木と同じように癖を読み、得手だけでなく、不得手な部分も上手に生かしてやる、ということだろうと思います。…（中略）…いい面だけでなしに、短所や欠点も生かしてはじめてその人の潜在能力は十全に発揮されるのでは

ないでしょうか。木も人も癖があるからこそ生きるのです。（菊池 二〇〇七：五―六）

師匠が弟子をよく観察し、その個性を見極め、よりよい方向へ伸ばそうとしていることがわかる。そして意外かもしれないが、師匠は丁寧に教えてもいる。前節の市川や鶴沢の話からも師匠がいろいろと助言していたことを窺い知ることができる。

さて、模倣を繰り返し、ある程度できるようになったとされれば次の曲や作業の模倣へと進む。ここで師匠が評価するのは弟子のパフォーマンスである。特にコンピテンシーは必要とされない。

模倣を繰り返し続けるうちにやがて弟子は工夫を始めるようになる。前出の鶴沢の叙述では、鶴沢の工夫に対し、師匠が「どういう心で弾いているか」と聞いている。ここで評価されたのはパフォーマンスよりもむしろ「わざ」の考え方、方向性である。この「わざ」の考え方、方向性はパフォーマンスを生む原因であるからコンピテンシーに通じる。師匠は弟子のパフォーマンスの変化からそのコンピテンシーの芽生えを察知し、評価するのである（図４・３）。その後、師匠の評価の中心はパフォーマンスからコンピテンシーに移り、弟子の個性を認めつつも自身の考えと同様の方向性をもつように導く。これにより弟子の「工夫」が「我流」に陥らないようにするのである。こう考えると、「わざ」のコンピテンシーとは芸・職の「道」、「世界」であり、その評価とは「正しく道を歩んでいるか」であるといえる。

さて、熟達が進むと師匠はほとんど何も言わなくなる。これまでの指導で弟子は正しい道を進んでおり、パフォーマンスに現れる「工夫」の理由、すなわちコンピテンシー（＝道）はもはや弟子

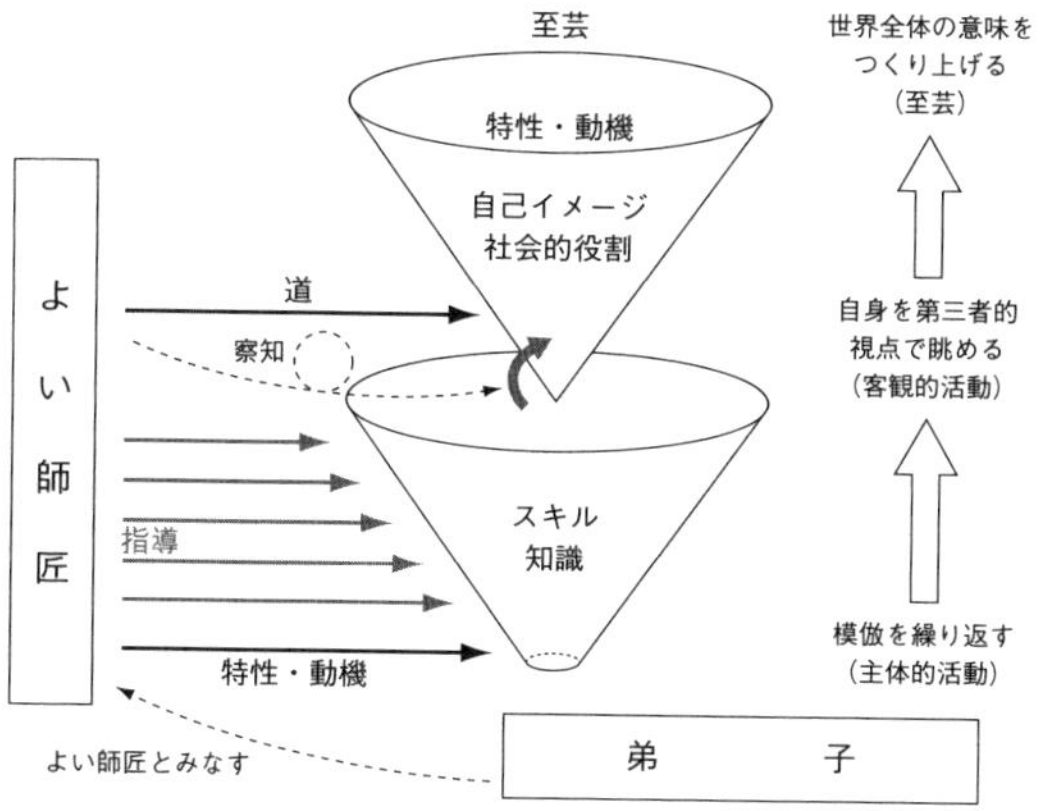

図４・３　パフォーマンスからコンピテンシーへの評価の移り変わり

自身のものとなっているからである。

師匠はパフォーマンスの変化を鋭く見極め、パフォーマンスの評価からコンピテンシーの評価へ指導の中心を変えていく。これにより弟子は「形」から「型」の学びへと深化することができるのである。「わざ」の習得について語られる場合、多くは学習者に目が向けられるが、それは「わざ」の習得が自分で考え自分で答えを出すものと考えられているからである。しかし、その実、師匠の存在が非常に重要なのである。日本の「わざ」の継承は師匠の鋭い人間観察力に支えられてきたといってよいであろう（阿部 一九九七）。まさに師匠のコンピテンシーである。

第５節　テクノロジーによる「わざ」の「表現」

芸道は全て実技によって達せられるため（西山

一九七二）、パフォーマンスが全て再現できた場合、それは「わざ」の全てが再現されたことになる。私は将来的にはある時のパフォーマンスはテクノロジーで全て再現できるようになると信じている。したがって私たちが実際のパフォーマンスを見て、そこから見えない何か（コンピテンシー）を感じるのであれば、テクノロジーで再現されたパフォーマンスからも同じように感じることができるはずである。

筆者は以前、ある舞踊の師匠の踊りをモーションキャプチャで計測しＣＧで再現し、それを弟子たちに評価してもらったことがある。そのＣＧは関節位置を点で表現した非常にシンプルなＣＧであった。しかしそれでも、彼らは「先生、気合が入ってる」と評価していた。ＣＧから見えない何かを感じ取っていたのである。

しかしながら、再現可能だからといってパフォーマンスを「表現できる」ことにはならない。例えば舞踊などの場合、観客は毎回異なり、舞台が変わることもある、さらには暑かったり寒かったり、雨が降っていたり晴れていたりするなかで、熟達者はその状況に合わせて舞踊を適切に表現していく。舞踊家にはその時にそのように踊る確固たる理由があるが、テクノロジーにそれはない。状況なども含めた過去のデータを膨大に集め、そのデータを分析し、現在の状況に最適な舞踊の形を選択することはテクノロジーでもできるかもしれない。しかし、それも過去のデータをもとにした再現に過ぎず、今そう踊る理由があって表現しているわけではない。世阿弥は至花道書で次のように述べている。

此藝能に無主風としてきらふべき事あり。よく〳〵心うべし。これはまづ生得の下地に、得たらん所のあらむは主なるべし。さりながら、藝道の劫入りて、下地も又おのづから出で來るべきやらん。先づ舞歌において、習ひ似するまでは、いまだ無主風なり。これは一たん似たるやうなれども、我物にいまだならで、風力不足にて、能のあがらぬは、是れ無主風の爲手なるべし。師によく似せならひ、見とりて、わが物になして、身心におぼえ入りて、やすき位の達人にいたるは、是れ主也。これ生きたる能なるべし。下地の藝力によりて、ならひけいこしつる分力を、早く見て、其物になる所、則ち有主風の爲手なるべし。返す返す、有主無主のかはりめを見得すべし。（世阿弥 一九三一：六三）

形は似ているが「無主風」の状態はだめで、「有主風」の境地に至らなければならないというのである。まさにテクノロジーの問題点をいいあてている。テクノロジーで再現された舞踊には「自分」がない、それを表現する自分なりの理由がないともいえる。つまりコンピテンシーがないのである。それでは「有主風」にはなれないのだ。テクノロジーがコンピテンシーを表現するのは難しいようである。

また、世阿弥は花鏡のなかで能を極めるための条件として「下地の叶ふべき器量（才能）」、「心に好きありて、この道に一行三昧になるべき心（好きでひたすら練習すること――努力）」、「この道を教ふべき師（師匠）」を挙げている（世阿弥 二〇一二）。

生得の才能は医学や生物、工学などの研究が発展すれば、今後テクノロジーで高めることが可能になるだろう（無論、倫理的な問題が生じるだろうが可能か否かといえば可能だろう）。また本人の努力を支援することも可能である。しかし、テクノロジーが「よい師匠」になり得るかは疑問である。師匠が弟子のわざの習得に大きな役目を果たしているのは前に述べた通りである。おそらく今のところテクノロジーを尊敬すべき凄い人だと感じることができる人はいないであろう。「よい師匠」がいなくては模倣は始まらず「わざ」の習得はできないのである。

テクノロジーが「よい師匠」にはなれないにしても師匠のパフォーマンスを再現することはできる。パフォーマンスが再現されるならば、少なくともその「形」の模倣は可能である。実際、多くの芸道においてビデオや音楽ＣＤ、テープなどが練習に頻繁に用いられている。今後はモーションキャプチャなども用いられていくかもしれない。ただし、テープがあるからとそれだけで済ませてしまってはいけない。テープを聞いて自分たちで稽古してそれを師匠に直してもらうといった学習にしなければならない（光森二〇〇三）。パフォーマンスの再現で学んだだけではパフォーマンスを表現することができないからである。つまり正しい道を進んでいるかは弟子にはわからずコンピテンシーの深まりが起こらないのである。師匠が弟子のコンピテンシーの深まりを促してはじめて、さまざまな状況で適切なパフォーマンスを表現することができるようになるのである。

第６節　テクノロジーを活用した神楽のコンピテンシーを深める練習

「わざ」の習得にテクノロジーは役立たないのかといえばそうではない。最後に、モーションキャプチャを活用した「わざ」の学びの例として「法霊神楽《ほうりょうかぐら》」を対象とした研究について紹介する。

この研究では神楽を約一〇年学んでいる弟子の神楽（三番叟《さんばんそう》）をモーションキャプチャで計測した。弟子が踊り終わったあとすぐ、このＣＧアニメーションを師匠と弟子に見せて、ふりかえってもらった。その時、弟子は師匠に次のような質問をしていた。

弟子「〇〇さん（熟達者）は、もっと丸かったような気がするんですが、（師匠は）どう思いますか？」
師匠「どうしたい？」
弟子「これ（ＣＧアニメーション）で見ると、おじいさんに見えないなぁと思って…。もっと腰を曲げても良いかなと……」

丸いというのは腰の曲げ具合である。弟子が言っているのは「ＣＧを見ると腰がまっすぐに見える。もっと腰をより曲げた方がよいのではないか」ということである。

モーションキャプチャでは、身体の動きのデータがリアルタイムで画面上のＣＧキャラクターに移植され、ＣＧアニメーションとして確認することができる。そこで、ふりかえりが終わった後、今度はスクリーンにそのＣＧアニメーションを映し出し、弟子と師匠にそれを見ながら練習してもらった。

弟子は口で神楽を踊りながら時折自分のＣＧを確認し、「もっと……かな」などとつぶやいては、練習していた。弟子が自分なりに腰や膝の動きに納得し、師匠が「それでよい」と言って練習が終わった。図４・４は、練習前と練習後の三番叟のＣＧを抜き出したものである。腰を曲げよう、膝を落とそうと考えて練習した結果が表われていることがわかる。

練習終了後、ＣＧアニメーションを活用した練習について意見を聞いた。弟子からは「手足の位置や角度がわかりやすくなった」という意見が聞かれた。これはモーションキャプチャを舞踊の練習に活用した場合、どの踊り手からも必ず聞かれる発言である。手足などの位置がわかりやすくなるモーションキャプチャは形の練習には大いに役立つと思われる。

さて、神楽の弟子は「これまでは何となく、こんなものかなという程度で腰を曲げて踊っていたが、ＣＧを見たことで、おじいさんに見えるような腰の曲がり方とはどのようなものだろうかを考えた」と言う。つまり自分なりの工夫をしようとしたのである。ＣＧは工夫を促すことを促進すると思われる。また、この時師匠は「どうしたい？」と聞き返している。鶴沢の師匠が彼の工夫に対して聞き返したのと同様の質問である。このように、なぜ腰を曲げるのか、その意図を聞き、弟子にそうする自分なりの理由をつくりあげさせている。師匠と弟子とモーションキャプチャがうまく作用し合いコンピテンシー

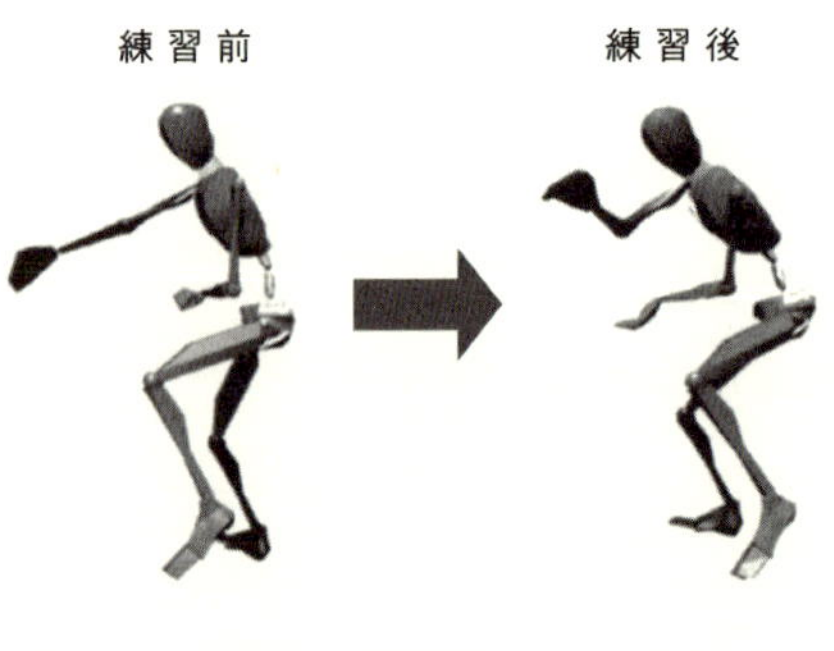

図４・４　練習前と練習後での三番叟の変化

の深まりが促されたことがわかる。テクノロジーは弟子の工夫を引き起こす引き金を引き、師匠はそれを感じ取り「道」を示していく。このような使い方であれば、テクノロジーは「わざ」習得のために役立つものとなり得る。

モーションキャプチャを活用した神楽の練習は一回だけであったが、彼はその後も気づきをもとにさらに練習を重ねたと言い、数か月後の神楽祭ではさらに膝が折れ、腰が曲がっていた。

【文　献】

安部崇慶（一九九七）『芸道の教育』ナカニシヤ出版

生田久美子／佐伯　胖［補稿］（一九八七）『「わざ」から知る』東京大学出版会

加藤恭子（二〇一一）「日米におけるコンピテンシー概念の生成と混乱（組織流動化時代の人的資源開発に関する研究―組織間協力と組織間人材移動をふまえた人材開発・育成・活動の問題を中心として）」『産業経営プロジェクト報告書』（三四）、一-二三

菊池恭二（二〇〇八）『宮大工の人育て―木も人も「癖」があるから面白い』祥伝社

世阿弥／野上豊一郎［校訂］（一九三一）『能作書・覚習条条・至花道書』岩波書店

世阿弥／小西甚一［編訳］（二〇一二）『風姿花伝・花鏡』たちばな出版

西山松之助（一九七二）「近世芸道思想の特質とその展開」西山松之助・渡辺一郎・郡司正勝［校注］『近世芸道論』岩波書店、五八五-六一一頁

原田多加司（二〇〇五）『職人暮らし』筑摩書房

ヘイコンサルティンググループ（二〇〇一）『正しいコンピテンシーの使い方―人が活きる、会社が変わる！』

PHP研究所
松下佳代（二〇一〇）「学びの評価」佐伯　胖［監修］渡部信一［編］『「学び」の認知科学事典』大修館書店、四四二-四五八頁
光森忠勝（二〇〇三）『伝統芸能に学ぶ―躾と父親』恒文社21

◆ミニ対談

◎モーションキャプチャは「コンピテンシーの深まりを促すこと」にはならないのか？

佐藤克美×渡部信一

渡部　佐藤さんは本文のなかで、「師匠が弟子のコンピテンシーの深まりを促してはじめて、さまざまな状況で適切なパフォーマンスを表現することができるようになる」と書いています。さらにそれを受けて、「モーションキャプチャだけで良いのか？」に対する回答として、「テクノロジーが「よい師匠」になり得るかは疑問である。…（中略）…よい師匠がいなくては模倣は始まらず「わざ」の習得はできない」と結論づけています。

佐藤　はい、その通りです。

渡部　これまで私たちが行ってきたモーションキャプチャを活用した一連の研究で、モーションキャプチャのデータをCGにして踊り手にフィードバックすると、踊り手には今まで気づかなかった自分の弱点に関する「気づき」が生じるという結果が得られています（渡部二〇〇七、二〇一二）。

　この現象って、「コンピテンシーの深まりを促すこと」にはならないのでしょうか？

佐藤　そのような研究では、普段から講師や師匠が大切な指導を日常的にしているということが前提になっています。例えば、民俗舞踊では「腰をもっと低く」などの指摘を普段からしていたので、学習者はCGを見て修正点を知ることができたのです。そして、その気づきをもとに修正したから、師匠から上達したと評価されたわけです。

渡部　なるほど。普段の指導がなければ、モーションキャプチャの効果もないというわけですね。

佐藤　「モーションキャプチャだけでよいのか？」という質問とともに、「モーションキャプチャを使うことでかえって悪い方向へ進む可能性はないのか？」という質問を受けます。この質問は、モーションキャプチャに限らず一人で学ぶ場合の問題点だと思います。

モーションキャプチャのCGをふりかえることで、確かに「気づき」が生じるかもしれません。ただし、それが正しい「気づき」なのかどうかは別問題です。それが学習者には判断できないのです。もちろん、その気づきをもとに修正してみることもできます。でも、その修正がよい方向へ向かっているのかどうなのか、適切な状況で表現されたものなのかを判断するのは師匠です。

渡部　やはり「師匠の存在は絶対」というわけですね。

◎師匠による「コンピテンシーの深まり」の評価

渡部　そのコミュニティのなかで、踊り手のパフォーマンスの上達は学習者同士でもある程度はわかります。しかし、他の学習者には、コンピテンシーの深まりはわからない。

それに対し、師匠は学習者のコンピテンシーの深まりをみてとることができる。この時、師匠は学習者の「コンピテンシーの深まり」を「何を感じて」評価しているのでしょうか？

佐藤　確かに、一般の人や初心者にはパフォーマンスの変化はわかっても、それがコンピテンシーの深まりによるものなのかどうかまではわからないと思います。ただ、師匠だけでなくより高いレベルの学習者、つまり、兄弟子といわれる人や同レベルの学習者同士、さらに目の肥えた客であれば師匠でなくともコンピテンシーの深まりを感じることができると思います。

渡部　その時、その人たちは「何を感じて」学習者の「コンピテンシーの深まり」を評価しているのでしょうか？

佐藤　パフォーマンスが高まってきたあと、師匠が感じるのは弟子の予期せぬ変化なのではないでしょうか。「これ弾いたら（師匠は）どう言わはるやろ」と言った「工夫」は、言葉は悪いですが「弟子の挑戦」なのではないかと思います。工夫は弟子個人の考えでする、正しい形を模倣しているだけの段階では決して起こらない変化だと思います。「模倣から創造への段階には乖離がある」と阿部（一九九七）が指摘するのはそういった点もあるからなのではないでしょうか。

渡部先生は書籍のなかで、法霊神楽の師匠が「からだが余ってきて「あや」が生まれる」と言っている話を書かれています。

渡部　はい。拙著『日本の「学び」と大学教育』（渡部二〇一三）のなかで、そういうことを書きました。何度も同じことを「きちんと」繰り返しているうちに、その奥にある「ぼやっとしているけれども、とても大切なもの」が現れてくるということです。

佐藤　練習を重ねるうちに「正しい形」の動きは特に考えなくともできるようになりますね。そして、何も考えることが無くなるわけですから、そうすると新たなことを工夫しようと考える余裕が生まれるわけです。一生懸命「形」を追い求めて「ああしようこうしよう」と考えながらでたパフォーマンスと、余裕が出てきて「こうしてみたらどうだろう」と工夫を始めたパフォーマンスとは、師匠にとって簡単に見分けがつくのでしょう。その工夫が正しい方向を向くように指導するのが、師匠の役割といえます。

渡部　なるほど。師匠はまさに「その道」の「みちしるべ」というわけですね。

佐藤　そして、私のような素人でも上手い人を見れば、やっぱり「上手いなぁ」と思ったりするのは、素人でも感じられる「何か」があるからと思われます。「見えない何か」を感じること自体は、意外と簡単なのかもしれません。

渡部　確かに、私も「上手いなあ」と感じることはよくあります。

佐藤　ただ素人が見て感じたものが「見えない何か」であっても、それが本当にコンピテンシーによるものなのかどうかはわかりません。例えば、私は毎年たくさんの芸能を見ますが、「なんだかうまいなぁ」と思って見ていても、実は下手な人だったということがよくあります。私は、「我流」を正しい「工夫」と感じたのでしょうね。間違った方向を向いているものは、コンピテンシーということはできません。

渡部　なるほど。「コンピテンシー」を的確に捉えることは、なかなか難しいということですね。

【文　献】

安部崇慶（一九九七）『芸道の教育』ナカニシヤ出版

渡部信一［編著］（二〇〇七）『日本の「わざ」をデジタルで伝える』大修館書店

渡部信一（二〇一二）『超デジタル時代の「学び」――よいかげんな知の復権をめざして』新曜社
渡部信一（二〇一三）『日本の「学び」と大学教育』ナカニシヤ出版

第5章　音楽の師弟関係における「コンピテンシー評価」

高橋信雄

「わざ」の教授においては、「見えない能力」は学習者からは見えないが師匠からは見えている能力である。稽古における師匠の評価の枠組みは、学習者と共有することは困難な場合がある。師匠の教示には学習者にとって「わかりやすい指摘」と学習者が「困惑する指摘」がある。「わかりやすい指摘」は「型」の習得のための一資料となり、「困惑する指摘」は「わざ」習得の究極の目標である「型」の習得を直接促す機能をもつと考えられる。こうした点について、西洋音楽の稽古における私的経験を交えながら考察する。

第1節　はじめに

「わざ」は、生田（一九八七）によれば、身体技能としての「技」を基本として成り立っているまとまりのある身体活動において目指すべき「対象」全体を指し示すものである。「わざ」の習得の究極の目標は、その芸道に固有の「型」の習得であるとされる。日本の伝統的芸道における「わざ」の習得では「形」、つまりその芸道に固有の技術や技能を模倣によって習得することが重視されるが、

「型」の習得というのは「形」の完璧な模倣を超え、「形」の意味を自らにとって「善いもの」として身体全体で納得していきながら、その「形」を自らの主体的な動きにしていくことである。

本章では、「見えない能力」は「わざ」の教授場面においてどのように可視化されるのか、「見えない能力」の評価は実際にどのようにして行われるのか、また「わざ」の教授においてなされる評価にはどのような作用があるのかなどについて考察してみたい。なお、ここでは師匠につけていただいた稽古での私的経験を交えながら議論を進めることとする。

本論に入る前に、私の師匠について少し述べさせていただきたい。私は大学時代、学生オーケストラに所属していた。管楽器奏者であった。私が入学した一九八〇年代前半の大学では学生運動はもうかなり沈静化していたが、毎日休み時間にはヘルメットをかぶった学生が拡声器片手に、「ワレワレハ、ワレワレガ」とやっていたし、一度はキャンパス内で鉄パイプを振りかざしての流血事件も目撃した。友人に言わせれば、そうした過激な学生たちの鉄パイプが楽器に置き換わったのが私だったそうだ。師匠はオーケストラの弦楽器の指導者で、過剰なまでに音楽に専心する私をかわいがってくださった。私も、師匠の音楽の力量と懐の深さに魅かれ、師匠の指導される弦楽合奏をよく見学した。師匠と私のかかわりは、楽器の垣根を越えて徐々に深くなっていった。

大学卒業後も、ＯＢとしてオーケストラの指導にかかわった。練習指揮者というポジションである。師匠との関係には、ともにオーケストラを指導していくという新たな関係が加わった。以来、師匠には楽器の演奏に加え、指揮法や指導法も含む音楽全般についてご教示をいただいている。

師匠は、私も含め、近寄ってくる若者に対し時間と体力を極限まで提供してくださる。師匠はある時大病をなさった。私たちの成長と引きかえに、健康を犠牲にされた。このことを思うと感謝で目頭が熱くなる。

第２節　「見えない能力」を見る

◉パフォーマンスに反映される「見えない能力」

学習者は、稽古に臨む時には可能な限り準備をして臨みたいと思うものだ。高い評価が得られるよう周到に練習し、ぼろが出る可能性を極力減らしておこうとする。だが私の経験では、どんなに自分の欠点を覆い隠そうと努めても、師匠の目をごまかすことはできない。師匠はパフォーマンスを観察することで、「見えない能力」の未熟さを示す証拠をつかむ。音楽の運びや音程、強弱のつけ方など、演奏には学習者がその時点で保持する「見えない能力」が反映される。学習者がパフォーマンスに磨きをかけて稽古に臨もうとも、「型」の未熟さは露呈している。

またその逆も然り。師匠は楽器の経験年数の少ない新人の演奏をたった一回聞いただけで、「すごい能力をもっている」と評する。楽器の操作という点では未熟で、演奏の表面にたくさんの傷があっても、師匠はその若者の優れた「見えない能力」を聞きとる。

しかし、私自身は師匠の稽古を見学していて、師匠が与えた評価が直前のパフォーマンスのいかなる属性から導き出されたのか理解できないことが往々にしてあった。「わざ」の習得との関係で論じられる時、「見えない能力」とは、学習者からは文字通り見えないが、師匠からは実は見えている能力であるといえよう。

◉「見えない能力」を炙り出す

さらに師匠は、学習者に予期せぬ新しい課題をその場で与える。パフォーマンスの「形」を柔軟に変化させるよう指示し、観察する。このような場合、師匠自身は状況に応じてパフォーマンスを自在に変化させることができ、しかもその変化によって「形」が崩れることはない。ところが学習者は、準備してきた以外のパフォーマンスを即座に行うことは難しい。他のパフォーマンスが可能だったとしても、それは柔軟性の現れではなく、準備されたパターンが複数あったに過ぎないこともある。無理にパフォーマンスを変えようとすれば、ミスをしたり演奏を中断してしまったりといった「形」の崩れが生じる。その崩れるさまを観察することにより、学習者の「見えない能力」についてより詳細な情報を得ることができる。

例えば、師匠が「大切な音だけをつないで演奏してみなさい」と指示したとする。学習者は、大切な音と修飾的な音をその場で区別し、大切な音のみをつなげて自然な音楽を演奏しなくてはならない。そのパフォーマンスを聞けば、和声の流れを捉える能力、音程を操作する能力などが評価できるし、普段の練習の仕方の欠点までが炙り出されるかもしれない。

このように予期しない課題が与えられた時には、稽古の見学者にも学習者の「見えない能力」の問題が理解しやすくなった。そして、師匠が最初に下した評価にはじめて納得がいく。

◉「見えない能力」が見えてしまう

だがパフォーマンスを評価するまでもなく、「見えない能力」が見えてしまうこともある。二〇世紀の名指揮者であったシャルル・ミュンシュ（Münch, C.）はその著書『指揮者という仕事』（原著：*Je suis chef d'orchestre*（1954））において、次のように書いている。

リヒャルト・シュトラウス[1]の父親は有名なホルン奏者であったが、率直にはっきりと言っていた。「このことはよく覚えておきなさい、あなたがたよその指揮者は。われわれはあなたがたが指揮台に上り、自分の総譜を開くのをじっと見ていますよ。あなたが指揮棒を手に取るより前に、主人はあなたなのか、われわれなのか、もう知っています。」…（中略）…楽員たちは――疑いもなく――あなたが自分たちを指揮するのに必要な権威を持っているのか持っていないのか、自分たちが〈たいした人物〉を相手にしているのかどうか、たちまちわかる。（ミュンシュ一九九四：八二－八三、注は筆者が付記）

フックス（Fuchs, P. P.）も、一九六九年の著書 *The Psychology of Conducting* のなかで、著名な指揮者に対するインタビューの結果をまとめ、オーケストラの奏者が指揮者の能力を判断するのに

（1）Straus, R.（1864–1949）：ドイツの作曲家。代表作に交響詩「ツァラトゥストラはかく語りき」、楽劇「薔薇の騎士」などがある。指揮者としても有名。

要する時間は非常に短いと結論づけている。フックスによれば、「一小節もあれば十分」「指揮を始める前にわかる」という意見もあった。

　また、こうしたことは音楽以外の世界でも語られている。「法隆寺の鬼」と称された宮大工の棟梁、故西岡常一氏は、小川三夫氏（のちに西岡氏の後継者となる）が入門する前の手紙で以下のように記している。

　大和路は春たけなは《（わ）》ですが、観光客でごったがへ《（え）》し、千年の聖地法隆寺は塵芥と俗臭にみちてゐ《（い）》ます。聖徳太子、伽藍創草《（草創）》の聖意は、三宝によって国土開発、民生の安定をこいねがわれ（て）の事です。この精神を識ろうとしない観光の人々、法隆寺の建築も仏像も本当にわかるはずがありません。（西岡他 二〇〇五：一七七、ルビは原文のまま）

　西岡氏は、観光客が法隆寺の堂塔を見て回る姿を一瞥し、それらの人々に「法隆寺の建築も仏像も本当にわかるはずがない」と看破している。観光客がただ法隆寺の境内を闊歩する姿を見ただけで、彼らが仏の慈悲、聖徳太子の思い、飛鳥時代の宮大工のわざのすばらしさなどに無関心であることをみてとった。宮大工も観光客と同様、法隆寺の堂塔を「見る」し「写真に収める」であろう。その可視的な「形」は似ているかもしれないが、その「形」を支える「見えない能力」のあり方は著しく異なる。それらの観光客は、それぞれが属している社会のなかで協調し役割を果たしていくために役立つ考え方や行動の様式、いわば「見えない能力」を身につけているであろうが、それは法隆寺の宮大工としての「型」からは甚だしく乖離しており、稀代の棟梁である西岡氏や入門を希望する小川氏にとっては「俗臭」という否定的なニュアンスで捉えられるべきものだったのだろう。この手紙で西岡氏は、入門前の小川氏に宮大工のもつべき「型」のあり方を示唆し、宮大工の世界への参入の覚悟を問うているのかもしれない。

このように、人がその時点で保持する「見えない能力」のあり方は、学習者のパフォーマンスにはもちろん、実は人の日常のあらゆる行動に反映されて「見えて」いる。ただそれが、観察者によって見えたり見えなかったりしているのだ。

第３節　「わざ」の教授における評価の枠組み

◉「わかりやすい指摘」と「困惑する指摘」

指揮のレッスンが始まったばかりのころ、例えば、私が師匠にいただいた「手のひらが下を向いた状態で振ること」、「三拍子では第二拍を長めに振ること」などの指摘は、初心者の私にも意味が容易に理解でき、次のパフォーマンスでどこをどのように注意すればよいかが一目瞭然であった。このような指摘を、ここでは「わかりやすい指摘」と呼ぶことにする。すなわち「わかりやすい指摘」とは、学習者がパフォーマンスを改善する具体的な方策を容易に立てられる指摘のことである。

「わかりやすい指摘」の一方で、これまでにいただいた教示のなかには何年もたってやっと意味が理解できたものもある。その教示が与えられた時には、どこをどう改めればよいのか皆目見当がつかなかった。例えばある器楽演奏のレッスンで、師匠が私の演奏を止め、改めるべき点を指摘された。私は教示に従い、できるだけの演奏を返した。師匠は「よくなった。もう一回」と言われた。私は先ほどと同じようにもう一度演奏した。すると師匠は「それではダメだ」と言われた。私が「さっきと同じように演奏したつもりです」と反論したら、「頭が固い」と叱られた。「よくなった」と評価されたから同じように演奏したのに、今度は「ダメ」と評価された。その理由がわからなかった。次に何を改めるべきかがみえず、困ってしまった。師匠はそれ以上は何もおっしゃらず、レッスンは別の部分へと移っていった。

このように、「評価は極めて鋭利に与えられているにもかかわらず、学習者にはその評価のよって来る根拠が直ちに（透明に）見えない」ことを、生田は評価の「非透明性」という。生田の著書『わざ」から知る』には、このような事例がいくつか提示されているが、そのなかの一つとして竹本津太夫の例を引用してみたい。

昔の、「それは違う、もう一ぺん言ってみい、もっと大きな声を出して言ってみい、また違う」もうこっちがワーッと言うと、「それでええのや」と言われたように、それは、そのときには自分にはわからない。けれどもそれが、伝統芸能の基本の教育であって、何年かたったとき、その人が本当に語れるようになったときには、それがはっきり生きてくるんじゃないかと思うんです。（生田　一九八七：九）

また、生田は渡部との対談のなかで、次のように述べている。

例えば、義太夫の師匠である竹本津太夫は、稽古の最中に「ダメだ」「そうじゃない」といった叱責を与えたのみで、どこがどういう理由でダメなのかを教授することは稀であったと言われます。またよい時にもただ「そうだ、それでいいのだ」と言うだけで、学習者本人はなぜよいと言われたのかもわからないことが往々にしてあったといいます。したがって、一度はよいとされた動作をもう一度繰り返していると思っていても、師匠からは「ダメだ」と言われることもあり得るわけですね。（渡部 二〇〇七：六三―六四）

このように評価の「非透明性」が認められる指摘を、ここでは「困惑する指摘」と呼ぶことにしたい。すなわち「困惑する指摘」とは、学習者がパフォーマンスを改善させる具体的な方策を立てることが困難な指摘のことである。

「わかりやすい」、「困惑する」というのは、あくまでも学習者の視点での分類である。師匠の同じ言葉でも、稽古の文脈や学習者の到達度によっては「わかりやすい指摘」にも「困惑する指摘」にもなる。また、「わかりやすい指摘」と「困惑する指摘」の間にはグレーゾーンがあり、わかりやすさ・困惑の度合いにも無限の段階があるだろう。

◉共有されない評価の枠組み

先に引用した「ダメだ」、「そうじゃない」という「困惑する指摘」のみが与えられる稽古では、師匠は何が、なぜ、どのようにダメなのかを全く説明しようとしていない。この時師匠に、評価の枠組みを学習者と共有しようという姿勢は全く認められない。

しかしそもそも、師匠の評価の枠組みを学習者と共有することは可能なのであろうか。言葉を変えれば、まだ習得していない「型」に由来する評価や教示を、学習者は理解できるのであろうか。

私には、師匠からいただいた忘れられない言葉がいくつかある。その一つは、「勉強しているうちは俺には敵わないぞ」というものである。この言葉をいただいた時、私は当惑した。「勉強しないと……」ならわかる。しかも、比較的近い時期に「お前は勉強をやめたらダメだ」とも言われていた。勉強はしなければならないが、勉強してもダメ。勉強は役に立つのか、立たないのか。自分はこれからどうしていったらよいのか。どうしたらよいのかはわからないが、才能に乏しい私には勉強していくしか道はなかった。

私は、受験競争のなかで点数で評価されてきた。結果はそれなりであったが、試験で高い点数がとれて褒められると、自分に自信がもてた。自分に対し自信をもつ快感を覚え、その快感を得るためにも一生懸命勉強して試験に備えた。試験のずっと前から綿密な計画を立て、その計画に従って勉強した。それを繰り返すうちに、「備えあれば憂いなし」というような心構え、考え方の習慣が身についた。

勉強に対するそうした取り組み方は、音楽においても採用された。採用されたというよりも、習慣化しパターン化された行動であるため、音楽をする際にもそうならざるを得なかった。練習指揮をするようになってからは、定期演奏会で演奏する曲が決まると、楽譜にかじりついた。何小節目でどの楽器がどのような音を出しているのか、頭に叩き込もうとした。アンサンブルが難しそうなところを、前もって楽譜から探し出した。どのように響くべきかというイメージをしっかりもって、そのためにどのような練習をすべきか計画を考えた。複数の楽譜を購入し、版による違いがないかをくまなくチェックした。その作曲家の生まれた時代や、国の歴史も調べた。そうやって練習に臨むと、オーケストラのメンバーや先輩たちが「よく勉強している」、「熱心だ」と褒めてくれた。

現在の私は、先の師匠の言葉にはさまざまな教訓が含まれていたことを理解しているが、その一つとして、師匠は私のこのような心構えに楔を打ち込んだということがある。すなわち、楽譜や本に書いてある客観的であいまいさのない事実を頭に叩き込んで音楽の場に臨んだところで、よい演奏はできないということである。楽員が抱える問題は一人ひとり違うし、問題の所在も性質も常に変化している。問題が音楽と関係ないところにあることも少なくない。自宅の机の上で準備してきたことが無意味とはいわないが、オーケストラが今ここで抱える問題の解決に役立たなければ用をなさない。何より、楽員一人ひとりが生身の人間である。どんなに正論を語っても、音楽のために集ったその時間に感動や喜びがなければ、楽員の支持は得られない。

今の私は、オペラや協奏曲なら別だが、ほとんど準備をすることなく練習場に入る。出すべき音は全て楽譜に書いてある。「今日はどんな音がするのかな」と、何の計画もない。練習が始まれば出たとこ勝負である。友人と会う前に対話のシナリオを書かないのと同じだ。そこで役に立つのが、臨機応変に練習を組み立てる力である。演奏がうまくいかない原因を、音を聞いて瞬時に判断する。それだけではない。全体で弾かせるのか、一部のパートを取り出して弾かせるのか、自分が周囲に迷惑をかけているとわかっている人に指摘を与えるのか、「自分は完璧だ」と思っている自信家を皆の前で注意するのか、練習不足を叱るのか、あるいは励ますのかなど、数え上げたらきりがないことを状況をみて瞬間的に選んでいく。こうした力は、どんなに楽譜を勉強したところで身につくものではない。学生たちに反発されたり嫌われたりしながら、三〇年近くかけて手に入れたものなのだ。

「わざ」の教授場面では「困惑する指摘」が与えられることがあるが、それらは「型」に由来するものであるから、学習者には意味がわからない。その評価の枠組みを師匠と学習者で共有することは不可能であろう。学習者がその道で熟練していくこと、「型」を習得していくことで、それらの意味は少しずつ理解可能なものになっていくのである。

◉すり替わる評価の枠組み

稽古のスタイルは多種多様であろうが、学習者のパフォーマンスに対して師匠が教示を与え、それに応えて学習者が修正されたパフォーマンスを提示するというプロセスの繰り返しが一般的であろう。稽古は、学習者によるパフォーマンスと師匠による教示を仲立ちとしたやりとりとしての構造をもつと考えられる。

ケンドン（Kendon, A.）は、ラフラー＝エンゲル（von Raffler-Engel, W.）の『ノンバーバル・コミュニケーション（Aspects of Nonverbal Communication）』のなかで、やりとりを相互作用の流れのなかでお互いの行為が可能となるスロット（段階）の連続として分析している。例えば、客が喫茶店でウェイトレスにコーヒーを注文する場合、ウェイトレスは筆記用具と伝票を持って客の前に立つことで、やりとりにおいて今客がコーヒーを注文することができる段階にあることを示す。ウェイトレスのこの行為は、相互作用の流れのなかで客が注文を行う条件を整える機能を果たしている。また、ケンドンによれば、スロットの連続は系統立てられていて、いわばプログラムとでもいうべき形で出現し、そのプログラムにはスロットが起こる順序、スロットのなかで許容される行為の規定も含まれている（ケンドン 一九八一：二三一‐二三九）。例えば、コーヒーの注文の仕方には、ウェイトレスが近寄って来た後「コーヒー」と言うなど、ある程度の決まったパターンがあり、そこで客が拳銃を突きつけるという行為は通常許容されていない。

この分析の枠組みを稽古にあてはめてみれば、稽古は師匠と学習者が相手の行為を可能にする条件を整え合う相互作用のプロセスとみなすことができる。学習者のパフォーマンスは師匠の教示を可能にする機能を果たしており、師匠の教示は学習者の次のパフォーマンスを可能にする機能を果たしているとみることができる。そして、学習者のパフォーマンスと師匠の評価および指示が交互に生起するなど、一定のプログラムも存在することがわかる。

図５・１は、前出のレッスンでの筆者と師匠のやりとりをスロットの連続として示したものである。学習者がパフォーマンス①を行うと、師匠が何らかの教示を与えた。学習者はその教示を受けて、改善されたパフォーマンス②を行った。師匠は「よくなった」という評価をフィードバックし、

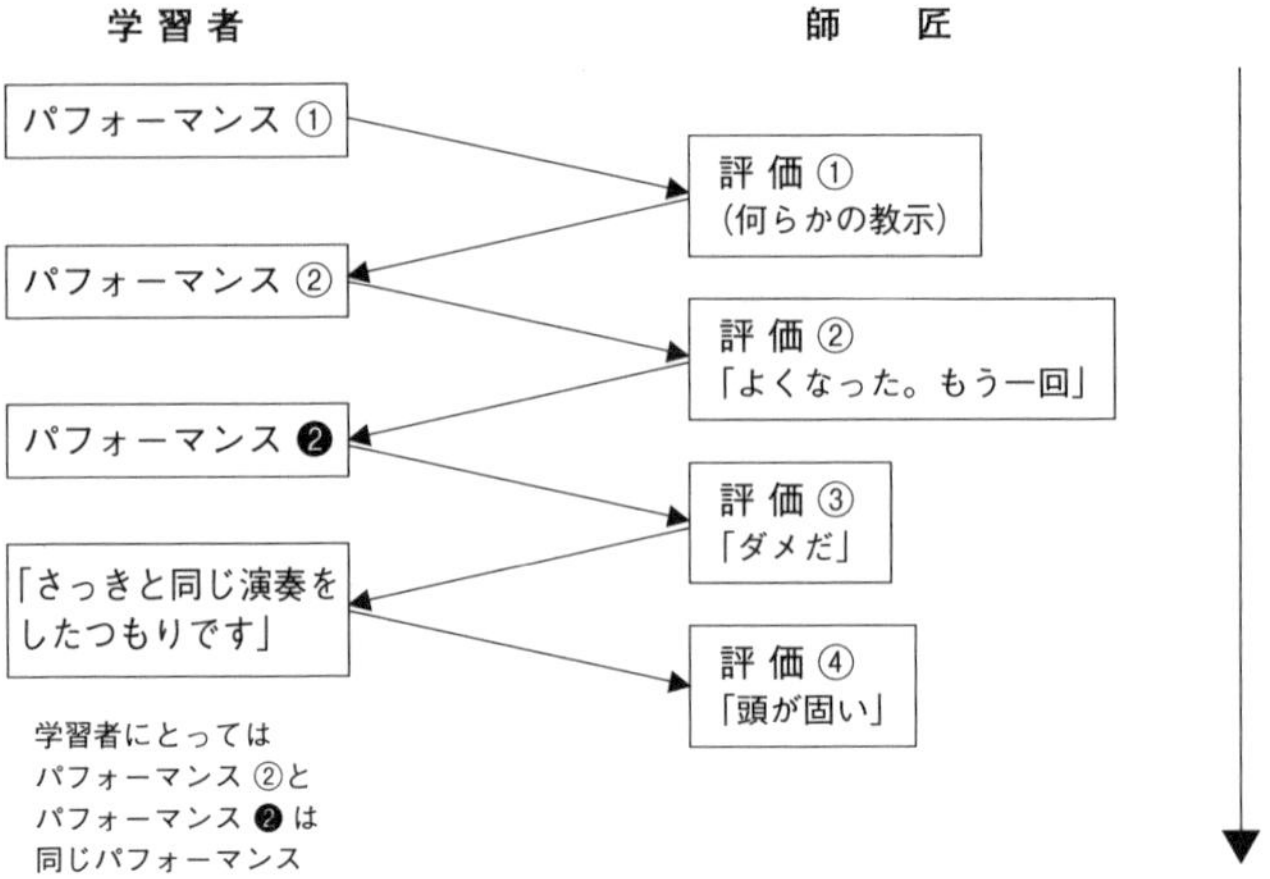

図５・１　あるレッスンでのやりとり（スロットの連続）

もう一回演奏するよう指示した。学習者はパフォーマンス②で「よくなった」という評価を受けたため、できるだけパフォーマンス②と同じ演奏になるよう努めてパフォーマンス❷を行った。それに対し師匠は「それではダメだ」という評価をフィードバックした。学習者はよい評価が得られなかったことに納得がいかず、「さっきと同じ演奏をしたつもりです」と反論したが、師匠から「頭が固い」と叱られた。以上のような場面である。

評価③が与えられた時、私は「ダメだ」と評価された理由がわからなかった。師匠の評価は、「非透明性」に満ちていた。可能性として頭に浮かんだのは、同じように演奏したつもりでも何かが違っていたのかもしれないということであった。「頭が固い」という言葉は当時師匠からよく受けていたお叱りであった（そして今でもその状況は変わっていない）が、そう言われても自分の何をどう改めればよいのかわからなかった。

ここで、学習者のパフォーマンス②とパフォーマンス❷に対する師匠の評価が異なっている原因について、やりとりの構造から考察してみたい。

ケンドン（一九八一）は、人が行為を行っている状況がプログラムのどのスロットにあるかについても注意を向けなければ、それらの行為の意味を誤解することになりかねないと述べている。例えば、喫茶店に入ってきて最初に客が「コーヒー」と言うのと、入店後二〇分たって一杯目のコーヒーを飲み干した後で「コーヒー」と言うのとでは、その意味は異なる。後者に対しては、ウェイトレスはお代わりを欲していると考え、新しいコーヒーカップ一式にコーヒーを注いで持っていく代わりに、コーヒーポットのみを持参するであろう。

この考えに則れば、パフォーマンス②と❷が学習者の意図通り完璧に同じ演奏になっていたとしても、それらが属するスロットの位置がプログラム内で異なっているため、その意味が異なる可能性がある。では、師匠はパフォーマンス②と❷に、どのような意味の違いを認めたのであろうか。

評価②の「よくなった」は、学習者が師匠の評価①で与えられた何らかの教示に対してよく対応できたという意味であろう。師匠はパフォーマンス②に対しては「評価①での教示への対応状況」という評価の枠組みを適用したのだ。これは、パフォーマンス②のみに対して向けられた評価といえる。

そして実は、「もう一回」という指示のあと、師匠は評価の枠組みをすり替えたのだ。パフォーマンス❷に対しては、「どこまでクリエイティヴな姿勢を見せられるか」という評価の枠組みが適用されたのである。つまり、「もう一回」とは、「さっきと違った演奏をしてみなさい」という指示だったのである。演奏というものは、その都度創意工夫により生み出されなくてはならない。常に新鮮で、生み出されるたびに唯一無二のものでなくてはならない。たった一回だけの命だ。つまり師匠は、「もう一回」と命じられ先ほどと同じ演奏をしようと努めた私の姿勢を、「ダメだ」と言ったのだ。評価③は、パフォーマンス❷に対する評価でありながら、学習者の「見えない能力」に向けられた評価でもあった。ここで、パフォーマンス②と❷の観察から得た証拠資料に基づくコンピテンシー評価が下されたのだ。

当時の私は師匠の評価の枠組みがすり替わることが想定できず、師匠の評価①の教示に忠実に対応することに固執してしまった。しかも、「さっきと同じ演奏をしたつもりです」と自分の正当性まで主張してしまった。それで「頭が固い」というコンピテンシー評価を追加されてしまったのだ。

このように、稽古においては、師匠の判断で評価の枠組みが随時変化する可能性がある。このことも、学習者にとって師匠の評価が「非透明性」をもつように感じられる一因と考えられる。

第４節　「わざ」の教授における評価の教育的作用

これまでみてきたように、「わざ」の教授においてはパフォーマンスを対象とする評価により「形」の問題を観察し、そこで得られた証拠資料からコンピテンシーを対象とする評価を行う。ここでは、それらの評価結果のフィードバックが「型」の習得にどのような作用をもたらすのかを考察してみたい。

◉パフォーマンスを対象とする評価

パフォーマンスを対象とする評価のフィードバックには、「わかりやすい指摘」と「困惑する指摘」の二種類があった。「わかりやすい指摘」は、フィードバックされた内容から学習者が次のパフォーマンスを改善する方策を具体的に立てられる指摘で、学習者は意味がその場で理解可能である。「困惑する指摘」は、フィードバックされた内容から学習者が次のパフォーマンスを改善させる方策を具体的に立てることが困難な指摘である。学習者は意味がその場では理解できないが、その後「型」を習得していくことで徐々に意味の理解が可能になる。

「わかりやすい指摘」は、学習者がパフォーマンスをすぐその場で改善することを可能にする。たとえ改善に時間を要するとしても、今後どのように鍛錬していくべきかが明確に理解されるであろう。「わかりやすい指摘」は、パフォーマンス改善への近道のように思われるかもしれない。しかし、パフォーマンスには学習者のもつ「型」の習得状況が反映されていることを忘れてはならない。指摘された「形」の問題を根本的に解決するには学習者の「見えない能力」を変容させることが必要で、「形」のレベルだけでは解決には至らない。「形」の現れをどのように修正しようとしても、パフォーマンスを通して「型」の問題が次々と顔を出し、それを指摘されるということを延々と繰り返す。「型」が備わっていないと、どのように「形」を矯めても「ダメ」で、逆に「型」さえ備わっていればどのようにやっても「よい」。

「わかりやすい指摘」は、図5・1の評価②のように、その直前のパフォーマンスのみを対象としており、学習者のコンピテンシーは対象としていない。コンピテンシーに対する直接的な作用は小さいであろう。「わかりやすい指摘」は、学習者がパフォーマンスの修正を一つひとつ積み重ね、問題とされた「形」の意味を身体全体で納得しながら、「型」の習得のプロセスを一歩ずつ進める働きをする。「わかりやすい指摘」はパフォーマンス改善の近道ではなく、学習者が着実に歩まなくてはならない積み重ねの道である。それは直接的に「見えない能力」を揺さぶるものではないが、「型」の習得のための貴重な資料となる。

一方「困惑する指摘」の場合、学習者は師匠の「非透明」な評価に混乱し、これまで自分が抱いてきた価値観や判断基準が通用しないことを認めざるをえなくなる。自分が新しく獲得しなくてはならない「型」を見い出そうと、学習者は師匠や先達のパフォーマンスやものの見方、感じ方をこれまでの基準を離れて観察するよう導かれる。「困惑する指摘」は学習者がその時点でもっている「見えない能力」を揺さぶり、その変容を直接促す機能をもっているのではないだろうか。「わざ」の習得の究極の目標が「型」の習得であることを考えると、「困惑する指摘」もまた重要な作用をもつものであると考えられる。

◉コンピテンシーを対象とする評価

コンピテンシーを対象とする評価結果のフィードバックは、学習者にパフォーマンスを改善させる方策が具体的にみえてこないので、「困惑する指摘」に含めることができよう。フィードバックと同時に指摘された問題が解決するような即効性は期待できない。学習者がその時点でもっている「見えない能力」は、学習者がそれまでの人生で時間をかけてつくりあげてきたものである。それは、学習者が所属する文化のなかで生きていくうえで立派に機能してきた。しかし師匠によるフィードバックは、これまでもっていた「見えない能力」は「わざ」の習得を目指していくにおいてはうまく機能しないことを示している。学習者は、それまでつくりあげてきた「見えない能力」を揺さぶられ、自分のものの考え方、感じ方に目を向け、自己省察へといざなわれるであろう。

◉結びにかえて

「わざ」の教授においては、一見不合理で不親切な「困惑する指摘」が学習者の「見えない能力」の変容を直接促す作用をもっているようだ。そういえば、私にとって今も忘れられない師匠の言葉はみな、私を困惑させたものばかりである。何年もたってやっと意味が理解でき、「自分も少しは進歩したか」との感慨とともに、師匠への感謝が湧いた。

【文　献】

生田久美子／佐伯　胖［補稿］（一九八七）『「わざ」から知る』東京大学出版会

ケンドン・A（一九八一）「伝達行動の構造分析」ラフラー＝エンゲル・W・フォン［編著］／本名信行・井出祥子・谷林眞理子［編訳］『ノンバーバル・コミュニケーション―ことばによらない伝達』大修館書店、二七–五一頁

西岡常一・小川三夫・塩野米松（二〇〇五）『木のいのち木のこころ―〈天・地・人〉』新潮社

ミュンシュ・C／福田達夫［訳］（一九九四）『指揮者という仕事』春秋社

渡部信一［編著］（二〇〇七）『日本の「わざ」をデジタルで伝える』大修館書店
Fuchs, P. P.（1969）. *The psychology of conducting.* New York: MCA MUSIC.

第6章　対談――「コンピテンシー評価」とは何か？

高橋信雄 × 渡部信一

第1節　「コンピテンシー」を育てる土壌

高橋　渡部先生のご著書『日本の「学び」と大学教育』(渡部 二〇一三)、それから『成熟社会の大学教育』(渡部 二〇一五)の二冊を読ませていただきました。これらのご著書を読むことにより、自分が東北大学交響楽団の師匠から若いころにしていただいたこと、私が師匠から知らずしらずのうちに継承し若い学生の指導に用いていた方法を、認知科学の枠組みのなかで捉えることができました。

渡部　そういえば、高橋先生は言語聴覚士養成のプロであると同時に、東北大学オーケストラの指揮者という点でもプロフェッショナルでしたね。

高橋　「プロ」というのは言いすぎです(笑)。二五年以上にわたり東北大オケに関わっていますが、師匠やすばらしい先輩、他にも多くの方々にご指導いただきながら何とかやっています。

渡部　その東北大学オーケストラという場での、高橋先生の師匠ですね。

高橋　はい、菊地健夫先生です(1)。渡部先生の著書でも述べられているように、伝統芸能の継承では師匠が弟子を家に住まわせることによって「しみ込み型の学び」を成立させます。私が菊地先生からしていただいたことは、それに近かったように思います。

渡部　高橋先生も師匠の家に「内弟子」として住んでいた？

高橋　さすがに内弟子というわけではありませんが、週末やオケの練習がある日は、必ずといってよいほど師匠の家にお邪魔していました。師匠の家では、演奏の指導を受けることはもちろんですが、それだけではなく一緒に食事をしたり、お話をしたり、買い物に行ったりとさまざまなことをしながら過ごしていました。師匠は料理が得意で、よく大変おいしい食事をふるまってくださいました。それは今も続いています。お酒を飲みながら朝を迎え、そのまま泊めていただいたなどということも数えきれないくらいあります。泊めていただいたというか、そのまま酔いつぶれてしまうわけですが（笑）。

渡部　かなり「内弟子」に近い関係ですね。そのような関係が、高橋先生の「コンピテンシー」を育てる土壌になっているわけですね。

高橋　はい。今にして思うと師匠と時間をともにするうち、音楽を愛すること、音楽の素晴らしさや魅力、音楽への高い志、どのような価値観をもって音楽とかかわるかなど、さまざまなことが私に「しみ込んだ」と思います。

さらにそれだけでなく、ものの考え方、学ぶ姿勢、他者への献身なども学びました。人としての生き方、あり方というようなことまで影響を受けたと思います。まさに、これが私にとっての「コンピテンシー」です。本来は、師匠からしていただいたことをオケの後輩たちにしてあげる番なのですが、全くできていません。恥じ入るばかりです。

渡部　高橋先生の師匠は、とても優しい方ですね。

高橋　はい。でも、師匠の指導は大変厳しいこともあります。そういう時は身がすくむ思いをします。しかし、師匠を知る者は皆、師匠がご自身に対して一番厳しくしておられることを知っています。師匠は常に上をめざし、自らを磨いていらっしゃいます。師匠も日々学んでいるわけです。そういう姿を見せていただいていますから、私たちも自分を磨いていくほかに選択肢はないのです。

第2節　「パフォーマンス」を支える「コンピテンシー」

渡部　オーケストラにとって「コンピテンシー」って、どのような能力なんでしょう?

高橋　入学以前から楽器を演奏していた学生は、各々違った環境にいました。それぞれ違った先生にレッスンを受け、あるいは自己流で練習してきたりしています。バックグラウンドが人それぞれで、身につけている奏法もさまざまですし、音楽に対する価値観、目標や願望も違っていま

(1)東北大学交響楽団の音楽顧問。

す。オーケストラで弾きたい、という意欲以外はてんでんばらばらです。

渡部　それを練習によって、そろえていかなければならないのですね。

高橋　奏法をそろえていくのは練習の場になりますが、それ以外の要素をある程度の範囲に収めていくのは、先輩や指導者との会話だったり、演奏会の裏方の仕事の最中だったり、食事やお酒の席だったり、音楽以外の遊びのなかだったり……さまざまな場を共有していくなかでなされていく割合が大きいと思います。渡部先生が本のなかで取り上げていらっしゃる日本伝統芸能の場合と同じですね。

渡部　確かに、同じですね。

高橋　人の輪の中に入り一緒の時間をもつことで、先輩たちに継承されてきたもの、渡部先生が「間」とか「型」という言葉で表現なさったものが新入生にも共有されていくように思います。東北大学交響楽団の定期演奏会では、学生に要求される音楽的な水準が高く、初心者はすぐには本番の舞台に上がることはできません。やはりある程度楽器の操作に習熟し、合奏に参加できるレベルはクリアしなければ、本番の舞台には上がれません。ある程度楽器の操作に習熟したところで、管楽器奏者と弦楽器奏者では少し違った「学び」のプロセスがあります。

渡部　管楽器奏者と弦楽器奏者では少し違った「学び」のプロセスがあるのですか？

高橋　はい。管楽器は皆、一人ひとりが一つのパートを受け持ち、全責任を全うすることが求められます。基本的に、管楽器は全員がソリストといってよいと思います。スコア（総譜）を広げると管楽器のパートが上から中ほどまでを占めていますが、各パートはそれぞれ一人の奏者のためのものです。ですから、管楽器の場合には自分に任されたパートを全うできなければ本番の舞台に乗ることはできません。本番の舞台に乗れるようになるまで時間がかかる人もいます。その間はひたすら個人練習に励み、裏方の仕事をすることになります。早く舞台に乗りたいという気持ちも溜まっていきますし、悔しい思いもたくさん味わいます。そういう時期を乗り越えた人が本番の舞台に乗ることができます。管楽器セクションは個としての責任を担う人たちの集団ですから、その集団にふさわしい「間」や「型」が新入生にも少しずつしみ込んでいると思います。

渡部　なるほど、厳しいですね。

高橋　一方の弦楽器は、一つのパートを集団で演奏します。パートの他の人と調和して弾くことが大切です。そこで、次のようなことが起こります。楽器の操作が未熟でほとんど弾けない人はアンサンブルを邪魔することはありませんが、ある程度楽器の操作ができて弾けていればアンサンブルの邪魔になってしまうことがある。そこが弦楽器の難しいところです。ですから、有名な協奏曲が弾ける達者な新入生が入部してくると、アンサンブルに溶け込んで弾けるかどうかという点が注目されます。仲間と協調して音を出すことができない場合は、パートの一員として演奏できません。自分の「型」を変えることが嫌で、結局退部していってしまう人もいます。

渡部　それはそれで、厳しいですね。もちろん簡単なパートというのはないんでしょうけど。

高橋　弦楽器初心者の場合、多少弾けるようになってくるととりあえず全体練習に参加してもらいます。とりあえずというのは、ほとんど弾けなくともいいから、とにかく席に座っているのです。そこに座って楽器を構え、しかもほとんど音を出すことができない自分がいる。これはつらいです。ですが、堪えながら座り続けるうちに、「弾けるようになりたい」という強い気持ちが湧いてくるだけでなく、おそらく「型」が「しみ込まされる」のだと思います。音の出ている空間に身を置き、よい音が出た時の響きや空気を感じ、演奏中の先輩たちの呼吸や顔つき、演奏に対する姿勢などを、あらゆる感覚を使って脳に取り込んでいるのだと思います。

渡部　神楽などの伝統舞踊も同じですね。学習者が稽古をきちんと続けていくと、ある時急に上手になったと師匠には感じられる時がくる。このことを師匠は、「身体が余ってくる」と言っています。身体が余ってくると、舞に「あやがでてくる」。一挙手一投足、師匠の舞をきちんと模倣するという稽古を続けていくと、ある時師匠の舞の「空気感」や「間」が見えてくるようになるのですね。これが師匠にとっては「上手くなった」ということです。

高橋　なるほど……面白いですね。

渡部　つまり、「コンピテンシー」が高まってくると、自然に「パフォーマンス」が高まってくるということでしょう。でも、「コンピテンシーからパフォーマンスへの一方通行」ではなく、「お稽古によってパフォーマンスが高まってくると、コンピテンシーも高まってくる」というもう一方の側面もある。

高橋　オーケストラは西洋音楽ですが、そのようなお話を聞くと結構、日本の伝統芸能と似ているところがありますね。

第3節 「生まれもった才能」の評価

高橋　私の経験なのですが……ヴァイオリンの上手な学生がいました。大変達者なのですが、その達者さがソリスト的というか、オケの中でのアンサンブルに求められる傾向から外れた達者さでした。私がまだずっと若かったころの話です。私はその学生の個性を、ある意味邪魔と思いました。アンサンブルの時に突出し、浮いてしまうことが多かったからです。

渡部　ソロで演奏させたらとっても上手。でも、オーケストラでは調和を乱してしまうというわけですね。

高橋　そうなんです。ですから、私はその学生の個性を否定的に評価していました。しかし、私の師匠は違いました。そのままでは邪魔になってしまうような個性を宝として交響楽団の中で活かすことを考えたのです。厳しい指導があり、その結果その学生はコンサートマスターとなり、個性を活かして団史に残る活躍をしました。その学生の個性が、東北大学オーケストラの伝統のなかに納まりつつも、ある種の多様性としてオケを豊かにしてくれました。私が指導していたら、その学生は退団してしまっていたかもしれません。

渡部　その時、高橋先生の師匠は、学生さんの何を評価していたのでしょう？

高橋　多分、師匠は聞こえてくる音の背後にある感性や能力まで感じとりながら聞いているのだと思います。パフォーマンスとして現れてくるものを聞くことにより、学生に内在するコンピテンシーの今と未来を感じとっているということでしょうか。そのコンピテンシーに感動して、

「あの学生は完成していったらすごいプレーヤーになる」と予言されることもしばしばです。今聞こえてくる演奏がたとえボロボロといえるような状況だったとしても、それはテクニックが未熟だからであり、テクニックはこれからいくらでも伸ばせる、と考えていらっしゃるのだと思います。

渡部　師匠は、その人が生まれもった「センス」というか、「生まれもった才能」を評価しているのですね。

高橋　それが「生まれもった才能」なのかはわかりませんが……「コンピテンシー」って「生まれもった才能」なのでしょうか？

渡部　会話の流れから自然に「生まれもった才能」と言ってしまいましたが……「コンピテンシー」は「生まれもった才能」ばかりじゃないですね。育てることもできる能力だと思います。ただ、どうやって育てたらよいのか？　そのあたりのお話ってとても面白いですね。

第4節　日本伝統芸能と西洋音楽は同じか？

渡部　私はこれまで、西洋的な「近代教育」の行き詰まりを改善するためのヒントを得るために、あえて日本の伝統芸能や民俗芸能の師匠と学習者の「教える - 学ぶ」という関係について検討してきました。そのような背景からすると、高橋先生がかかわっているオーケストラは西洋のものですから、私としては「日本とちょっと違うのかな、それとも意外と共通しているところがあるのかな」と興味があるわけです。どう思われますか？
高橋　私には西洋音楽の指導が、本場で、例えばウィーンでどのようになされているかというような知識はありませんし、もちろん経験もありません。だから、その質問にお答えするのは難しいのですが……渡部先生は『日本の「学び」と大学教育』のなかで、東洋《あずまひろし》の研究を引用なさって「日本の学びはしみ込み型である」ということをおっしゃっていますね。
渡部　はい。教育心理学者の東洋はさまざまな調査や実験をしたうえで、アメリカの母親が「教え込み型」の育児だったのに対し日本の母親は「しみ込み型」の育児をしていたことを明らかにしています。
高橋　日本の母親に「しみ込み型」の育児が多いのは、おそらく「子どもは取り立てて教えられなくとも学んでいく」という母親から子供に向けられる信頼を、その母親自身もどこかで「しみ込まされて」大人になったからではないでしょうか。「しみ込み型」の育児を採用する母親は、子どものころに、そのまた母親から同じように「しみ込み型」で育てられたからだと思います。
渡部　それが、「文化のなかで育っている」ということなのでしょう。
高橋　そうですね。日本の母親は、生活していくなかで、よい環境を調整して配慮すれば子どもは育っていくということを意図せずに学び、自分も実践しているわけですね。
渡部　だからこそ「文化」の違いは大きいと思います。それで、私は日本伝統芸能の「教える－学ぶ」の関係と西洋音楽のそれには違いがあるのではないかと思ったわけです。
高橋　なるほど。そのような意味では、楽器演奏の場合、日本の伝統芸の世界のようにいきなり完成形を模倣するということから入ることはしません。身体ができていませんから。例えば、ヴァイオリンを弾く時の構えというのは、人間の生理に照らしてみると非常に不自然な態勢です。日常動作にはない態勢です。それがある程度自然にできるようにならないと、模倣しようにも不可能です。また、演奏という行為は道具、つまり楽器の精密な操作を必要としますから、模倣がまがりなりにも可能になるまで大変な時間がかかります。

渡部　やはり、日本の伝統芸能や民俗芸能とはだいぶ違いますね。

高橋　はい。しかし、楽器の演奏と比べると、オーケストラの指揮法はまだ人間の生理からそう遠くない身体動作の集積なので、模倣はしやすいかもしれません。ですが、私は師匠に合わせて動作の模倣をするということはありませんでした。その点は、いきなり完成形の模倣から入る日本の伝統芸能の継承プロセスとは異なっていると思います。

渡部　なるほど……面白いですね。

高橋　しかし、そうかといって、段階を追って指揮法を学び、準備してから指揮台に上るというプロセスを踏んだわけでもありません。東北大オーケストラは、大学院生や若いＯＢが練習指揮者を務めます。もちろん、オーケストラのプレーヤーとして仲間の尊敬を勝ち得た人材です。練習指揮者は日常的な練習を任され、オーケストラの基礎能力の向上を図りつつ本番の指揮者のための下ごしらえをする大きな役割を果たします。練習指揮者は、事前に多少のアドバイスはもらえるかもしれませんが、いきなりオーケストラのトレーニングを始めることになります。最初から上手な指揮ができるわけはありませんから、楽器を弾いている側は当然弾きにくい時もあります。必要に応じて先輩や先生から指揮法の指導がある場合もありますが、指導があってもすぐに指揮法がよくならないぐらいのことは皆十分承知しています。周囲も辛抱強く見守る覚悟が必要です。指導者を育てることも、オーケストラの活動の維持にとっては欠くことのできない重要な要因です。

渡部　模倣から入らないという点では、日本の「わざ」の伝承過程と異なっているわけですね。

高橋　はい。しかし、楽器の演奏であれ指揮であれ、指導を受ける時には、「わざ」の伝承過程で弟子が感じるのと同じような戸惑いを覚える場面が必ずあります。渡部先生が「非透明な評価」という言葉で表されたものかもしれません。

渡部　評価があいまいだったり、状況によって異なっていたりするわけですね？　具体的には？

高橋　例えば、レッスンのなかである具体的な指摘を受け、それを修正して次のレッスンに臨むと、その修正したところが「ダメ」といわれたりします。師匠に「先週こうしろと言われました」などと反論すると、「頭が固い」と叱られます。学ぶ側は、どうしていいかわからないわけです。逆に、師匠に指導されたのと違う演奏をしたのに「よくなった」と言われることもあります。師匠は、その都度最善と考えるアドバイスをしてくださっているはずです。それなのに、一見矛盾したことを言われるというのはどういうことなのか？　自由に演奏しなさいと言われるのに、私の演奏は「だめ」と言われる。

渡部　そのあたりは、日本の伝統芸能と同じです。まさに「非透明な評価」ですね。

高橋　今にして思うと、何らかの指摘を受けその欠点を無理して修正した結果、それ以外の要素との関係がいびつになったり、不必要な力みが生じたりしているということなのではないかと。ある要素を修正しそれが全体のなかに納まるためには、その周辺の変化も避けられないはずですし、全体を見直す必要が出てくる場合だってあるでしょう。しかし、指摘されたところだけを言われた通りにあらためて次のレッスンに臨んでいるうちは、似たような指摘を何度でも受け続けることになります。

渡部　例えば、師匠に「このように演奏しなさい」と言われたからといって、いつでも「それで良し」と言われるわけではない。状況が変われば、演奏も変わるということでしょうか？

高橋　はい。例えば、ホールが違えばそれに対応した演奏をしなくてはならないわけです。ある曲を家でみっちり練習して、固めて、固めて、それをそのままホールで聞かせようとする。それではお話にならないわけです。ホールの響きと戯れればよいのですが、それができるようになるには根本から姿勢を変えていかなくてはならない。

渡部　よいパフォーマンスをするためには、かなり高度な「コンピテンシー」が必要というわけですね。

第５節　「コンピテンシー」の実態とは？

高橋　指揮者は、指揮をしないほうが良い場合があります。数年前にある曲を本番で指揮したのですが、フィナーレのクライマックスのところを師匠は「振るな」とおっしゃるのです。

渡部　それは驚きですね。
高橋　私はまだ青二才ですから……興奮して振っていたのです。本番、その場所は師匠の指示に従いました。そうしたら、オーケストラはものすごい音を出し、一つの巨大な生き物になって時間のなかを猛烈な迫力で駆け抜けていったのでした。あの鳥肌の立つような経験は忘れられません。
渡部　「パフォーマンス」を超えて、オーケストラ全体の「コンピテンシー」が一挙に表に飛び出した瞬間でしょうか（笑）。
高橋　まさに、そういうことです。もちろん、演奏に関する全体的な青写真はもって本番に臨むわけですが、ここは振る、ここは振りすぎない、というさじ加減はその時その時、瞬時の判断でなされなければならないのです。楽譜がどうなっているかはもちろん、その時のオーケストラの状態、そこに至るまでの演奏の流れ、客席の反応、指揮者とオーケストラの信頼感など、関係する要因は無数にあるでしょう。師匠はリハーサルを聞かれ、そうした条件がどう動くか予想したうえで「振るな」とおっしゃったわけです。そういう複雑なことを総合的にとらえる能力は、渡部先生のおっしゃる「よいかげんな知」そのものだと思います。
渡部　それは何らかの判断によってなされるというよりは、身体が自然に反応するのですね。
高橋　師匠はよく、「考えているうちは、俺には絶対敵わないぞ」とおっしゃいます。そういう力が備わっていないと、どのようにやっても「だめ」ですし、逆にそれが備わってさえいればどのようにやってもよい。それが備わるまでは、延々と「だめ」を出され続けることになるのだと思います。
渡部　それが、「パフォーマンス」ではなく、「コンピテンシー」なのですね。
高橋　はい。認知科学的にいうと、師匠はパフォーマンスの問題点を突きますが、それを解決するにはパフォーマンスだけでなくコンピテンシーを鍛えることが必要だということではないでしょうか。それをパフォーマンスのレベルだけで解決しようとしても根本的な解決にはならない。もぐら叩きのゲームのように、コンピテンシーの問題がパフォーマンスを通して次々と顔を出し、それが叩かれるということを延々と繰り返すことになる。
渡部　「センス」のよい人は、それが短時間ですむわけですね。
高橋　確かにそうなのですが、そのもぐら叩きを繰り返して苦悶するプロセスが尊いわけです。それがないと先に進めないのです。浴槽の深さまで溜まらないとお湯が溢れてきません。それに似ているかもしれません。いつ溢れてくるかは本人にもわからない。でも、溢れるまでお湯を注ぎ続けないと決して溢れることはない。
渡部　なかなか厳しい世界ですね。高橋先生は、すでにお湯が溢れているわけですね。
高橋　いえいえ、私はまだもぐら叩きの段階です。

第６節　日本伝統芸能にも学習プロセスの「段階性」はある

渡部　話題を「西洋音楽の指導法や評価法は日本の伝統芸能と同じなのか」ということに戻した

いのですが……。
高橋　「わからない」というのが本当のところです。さらに本音を申しますと、私は「日本の芸道の学習プロセスは非段階性である」という考え方に賛成していません。
渡部　どうゆうことですか？
高橋　津軽三味線の稽古で、いきなり単位時間当たりの音の数が多い演目を模倣しているとは考えられません。まだうまく表現できないのですが、「技巧の量」と「技巧の質」ともいうべきものがあるように思います。
渡部　例えば……？
高橋　例えば、刺身を切ることは私のようなど素人にも可能です。ですが、立派な職人さんが切れば味は全然違います。日本舞踊とか謡いの世界というのは、このような「技巧の質」を追及する芸道だと思うのです。
渡部　なるほど。
高橋　誰でも扇子を開くことはできます。ですが当然、素人と師匠ではその芸術的な質には著しい差があります。日本舞踊では、質を問わなければ素人でも同じような動きはできるわけで、「技巧の量」は少ない芸道といえるのではないでしょうか。
渡部　なるほど。日本舞踊は「質」で勝負の芸道ということですね。
高橋　しかし、日本の古典的な大道芸などでは、「技巧の量」の多いものがあります。例えば、不安定な台に乗って一度に一〇の皿を回すなどという芸もあります。私は年に何度か大阪の繁盛亭で落語などの芸を楽しんでいますが、こうした大道芸もすばらしいものです。こうした大道芸の入門者は、やはり不安定な台の上に立っていられるようになること、皿をまず一枚から回していくことから練習を始めるのではないでしょうか。いきなり皿を一〇枚回す師匠の模倣をするでしょうか。やはり、段階的に技巧の量を増やしていくプロセスをたどるのではないでしょうか。それと並行して、見る人に「日本人でよかった」と思わせるような感動を与える「技巧の質」も追求していくのではないかと思います。

渡部　まさに、その通りだと思います。確かに「技巧の質」は非段階的に獲得されるかもしれないけれど、「技巧の量」に関しては段階的かもしれません。

高橋　西洋の芸術でも、「技巧の量」を求めないものではいきなり模倣から入り、非段階的なプロセスをたどるものもあるかもしれません。きちんと調べていませんが、貴族の子女がたしなみとして学んだ舞踊などでは、バレエのように鏡を見て足を上げる練習から始めるようなことはなかったのではないかと思います。

渡部　なるほど。例えば茶道の場合、結局は「一杯のお茶をおいしく飲む」のが目的ですからね……誰にでもできる。ただ、それが「道」になると、いろいろと「技巧の質」が問題になってくる。

高橋　「技巧の量」の増大には向かわず、「技巧の質」の高度化に向かう芸道は、「非段階性」のある稽古のプロセスをもつ。一方、「技巧の量」「技巧の質」ともに追求する芸道では、「段階性」のあるプロセスのなかにコンピテンシー評価による「非段階的」な要素も交えられると思うのです。

ちなみに、私の師匠はこの「質と量」の問題をよく口にされます。師匠は、「超絶技巧の協奏曲が弾けるようになることよりも、キラキラ星を素敵に弾くことの方に価値がある」とおっしゃいます。「個人が芸術とどうかかわるか」という視点もかかわってくるので、非常に込み入った議論になります……私は芸道というのは本質的には「技巧の質」を追求するものだと考えています。

渡部　なるほど、面白い議論ですね。いずれにせよ現在、教育の世界では「国際化」が話題になっています。この点からも、西洋的指導と日本的指導の比較は非常に重要なテーマであると思います。

高橋　本当に大切ですね。

渡部　確かに、「日本VS西洋」という枠組みを越えて、その奥にある「普遍的な原理」みたいなものを探求していくことの重要性は感じます。でも、やっぱり日本文化の根底には「日本的な何か」があると感じる……西洋とは何か本質が違っていると思うのです。今の段階では単なるイメージに過ぎないのですが、西洋は「個々が重視」されるのだと思います。それに対し日本は、「関係」が重視される。これらの違いが、グローバルな時代には逆に、とても大切になってくるのではないかと感じているのです。

高橋　なるほど、とても興味深い視点ですね。

第7節　「言語」は「学習によって身につける能力」なのか？

渡部　高橋先生は大学に赴任する前、二〇年以上にわたって「言語リハビリテーション」のお仕事に携わってきました。そこでは、言語学、特に生成文法学派の言語学分野などを研究したという実績をおもちですか？

高橋　いや、残念ながら深くは勉強していません。

渡部　私も深く勉強しているわけではないのですが…言語学者のノーム・チョムスキー(Chomsky, N.)が、competence／performanceという言葉を使っています。「適切な言語形式を産出する能力」、これが「言語コンピテンス(linguistic competence)」です。それに対し「実際に産出された言語形式」が「言語運用(言語パフォーマンス：linguistic performance)」です。これを主張したのは一九六〇年代のことですから、ずいぶん前の話ですね。

高橋　私たちが生まれたころの話ですね。

渡部　前者の「言語コンピテンス」は、人間がもって生まれた生得的な言語能力です。それは日本語や英語というようなものではなく、その初期状態である「普遍文法」であるとチョムスキーはいいます。そして、「言語運用(言語パフォーマンス)」とは、その「普遍文法」から日本語や英語のような個別言語への移行というわけです。このようなチョムスキーの主張には、歴史的な背景があって……。

高橋　「生得説と学習説の対立」ですね。

渡部　そうです。「言語」などの人間がもつ能力は「生まれもった能力」なのか、それとも育っていく過程で「学習によって身につけた能力」なのかという論争です。チョムスキーが世に出る前、行動主義心理学で有名なスキナー（Skinner, B. F.）が「言語学習」について主張していました。誤解を恐れずに要点をいえば、言語能力を支える心の働きを科学的に解明するのは絶対に不可能である。だから、言語能力についても客観的に観察可能な「言語行動」だけを研究の対象にしようという主張です。それは同時に、「言語は学習されるもの」という主張につながっています。

高橋　行動主義心理学の話は、渡部先生がお書きになった『ロボット化する子どもたち』（渡部二〇〇五）に詳しく解説されていますね。大変興味深く読ませていただきました。

渡部　このあたりの話は、本当に面白いですね。観察することが不可能な「見えない能力」、つまり「コンピテンシー」の評価は可能なのか、不可能なのか、という議論にも直接かかわってきます。

高橋　スキナーは「観察できないことは研究対象とはせず、観察できる行動のみを研究対象としよう」と主張した。一方、チョムスキーは「観察することはできないけれど、やっぱり生得的な言語能力ってあるでしょ」と主張したわけですね。

渡部　はい。このチョムスキーの考え方がベースになって、後に「認知心理学」や「認知科学」が一世を風靡するわけです。

高橋　ちょっと思いつきなのですが、伺ってもよろしいでしょうか？　チョムスキーの考えが導いた認知心理学のことです。
最近、囲碁の対局でコンピュータが名人に勝ったというニュースが話題になりました。そのコンピュータは、渡部先生のご著書『超デジタル時代の「学び」』（渡部 二〇一二）でもふれられていた「学習するコンピュータ」です。石の置き方をあらかじめプログラミングするのではなく、過去のデータをもとに試行錯誤しながら名人の石の置き方を学習していったのだそうです。

渡部　いわゆる「人工知能ＡＩ」ですね。チェスロボット「ディープブルー」が人間にはじめて勝ったのが一九九七年ですから、それから二〇年近く経過する間に、ずいぶんとＡＩは進化しましたね。今、ＡＩは第三のブームの大波が来ているところで、これからますます面白くなってきますよ。

高橋　はい。それでなのですが……。

第8節　人工知能ＡＩの「コンピテンシー」

高橋　それで、このようなＡＩと名人が対局した場合、そのような事情を知らない観察者は対局者のどちらが人間でどちらがコンピュータなのか区別できるのでしょうか。将棋とか囲碁というのはこれまでの経験に基づく直観やひらめきみたいなものが大切で……つまり「コンピテンシー」が大切なわけです。そうすると、何も知らない観察者はコンピュータが「コンピテンシー」をもっていると理解してしまうかもしれない。

渡部　それって、まさに「チューリングテスト」(2)の話ですね。コンピュータに何か作業をさせて、それがコンピュータの仕事だと知らない観察者が「それは人間がした仕事」と判断したならば、それは「コンピュータも人間と同じように仕事ができた」つまり、「コンピュータも人間と同じような「知」をもっている」と評価しましょうというものです。

高橋　「チューリングテスト」に対し異議を示したのが、哲学者サール（Searle, J. R.）の「中国語の部屋」の話ですね。隔離された部屋に中国語がわからないイギリス人を閉じ込め、中国語で書かれたメッセージを与えます。部屋の中には対応マニュアルがあって、どのようなメッセージが与えられたらどのように返信するかが示されています。イギリス人は中国語が全くわからないにもかかわらず、マニュアル通りの対応をすれば、観察者は「中の人は中国語が使える人である」という判断をするであろう、という話です。

渡部　そのイギリス人の代わりにコンピュータを想定するわけですね。コンピュータは決して中国語を理解しているわけではないけれど、第三者が見れば「中国語が使える」と判断してしまうわけです。だから、チェスロボット「ディープブルー」も囲碁ロボットもチェスや囲碁をかなり深く理解している。つまり、これまでの経験に基づく直観やひらめきみたいな、いわゆる「コンピテンシー」をもっていて、それを駆使して次の一手を打っているのだと観察者には見えるわけです。

（2）「チューリングテスト」は、一九五〇年に数学者アラン・チューリング（Turing, A. M.）が考え出したいわゆる思考実験。一九五〇年以降、「チューリングテスト」はロボットが示す「人間らしさ」の基準として、ロボット開発に大きな影響を及ぼすことになる。

高橋　観察者がＡＩは「コンピテンシー」をもっていると感じた時、その「コンピテンシー」の評価はどう考えればよいのかということなのです。私は、もし囲碁コンピュータに対し「頭がよく、注意深く、勝利への執念が強い」と感じたならば、「そのコンピュータはコンピテンシーをもっている」と評価してもよいと考えています。私は、「コンピテンシー評価」というのは評価者の価値体系とか、何らかの属性が投影された結果でもあると思うのですが。

渡部　まったく同感です。そこで重要なのは「実際に高橋先生がそのように感じている」ということですね。つまり、高橋先生とそのコンピュータの「関係性」が重要なのだということです。高橋先生が「そのＡＩはコンピテンシーをもっている」と判断すれば、その判断が正しいということになります。逆に、囲碁の名人がそのコンピュータに対して「まだまだだよなあ」と感じたならば、その名人はＡＩに「コンピテンシーをもっている」という評価はしないでしょうし、それが「正しい評価」になるわけです。

高橋　評価者によって「評価」は異なってくるということですね。

渡部　はい、それが「コンピテンシー評価」の本質であると、私は考えています。だから、人間であるか、ＡＩであるかが問題なのではなく、客観的に観察可能な活動は「パフォーマンス」と捉える。そして、「コンピテンシー」はたぶん、評価者と評価される対象の間の「関係性から生まれる意味や価値観」として捉えるべきものであると思います。この考え方に関しては、まだまだ検討が必要ですけれど。

高橋　「コンピテンシー」を、評価者と評価される対象の間の「関係性から生まれる意味や価値観」と定義してみるということですね……賛成です。確かにこの考え方は、検討する価値があると思います。

渡部　これは何もコンピュータでなくても同じだと思います。例えば、私は毎日、犬の散歩をしているのですが、犬が私のことをなんと思っているかなんてわからない。うちの犬はフリードといいますが……少なくともフリードは私を「大好き」と思ってくれているだろうと信じています(笑)。

高橋　それもフリード君と渡部先生との「関係性」に基づいているということですね。

渡部　はい。だから大切なのは「フリードが私をどう思っているのか」に対する答えではなく、私とフリードとの「関係性」が全てということです。私が「フリードはとても賢いから私の言うことは何でも理解している」と評価すれば、それはフリードの評価として「正しい」ことになる。結局、私はこの判断をもとにしてフリードと接することになるわけですから。

高橋　確かに「犬が何を考えているのか」なんて、どれほど科学技術が発展しても明らかにすることは不可能ですね。なるほど……人工知能ＡＩ、フリード君……そう考えていくと、教育現場における「評価」も全く同じですね。

渡部　はい。少なくとも「コンピテンシー評価」を検討する場合には、「関係性」ということがとても大切になってくると考えています。

【文　献】

渡部信一（二〇〇五）『ロボット化する子どもたち―「学び」の認知科学』大修館書店
渡部信一（二〇一二）『超デジタル時代の「学び」―よいかげんな知の復権をめざして』新曜社
渡部信一（二〇一三）『日本の「学び」と大学教育』ナカニシヤ出版
渡部信一（二〇一五）『成熟社会の大学教育』ナカニシヤ出版

第Ⅱ部　「コンピテンシー評価」の本質にせまる

第7章　「コンピテンシー評価」に対する違和感

渡部信一

近年、教育現場において「コンピテンシー」に関する議論が盛んに行われている。この背景には教育界における〈新しい能力〉を重視する傾向、そして経営学における「経済原理」が教育現場にも大きく影響を及ぼしてきたという事情がある。私は前者に対しては好意的に受け入れるが、後者に対しては大きな違和感をもつ。高度経済成長期にはある意味で受け入れ可能だった「経済原理」に代わり、これからの成熟社会における「教育」で必要とされる「コンピテンシー評価」とは、どのようなものか？　検討における一つのヒントとして、日本伝統芸能の継承における「コンピテンシー評価」について示す。

第1節　〈新しい能力〉重視と「コンピテンシー」への着目

◉〈新しい能力〉重視の教育へ

近年、教育現場において「コンピテンシー」に関する議論が盛んに行われているが、私はその背景として二つの要因があると考えている。第一に教育現場において、これまで重視されてきた「学力」とは異なる〈新しい能力〉に対して着目されるようになってきたこと。そして第二に、経営学における「経済原理」が教育現場にも大きく影響を及ぼしてきたという背景がある。ここではまず、〈新しい能力〉への着目という点に関して検討する。

これまで重視されてきた「学力」という範疇には収まりきれない能力に対して着目する傾向が、世界的にみれば一九九〇年代以降、日本では特に二〇〇〇年代以降、顕著になっている。これまでの学校教育で「身につけるべき能力」といえば「学力」が中心であったが、社会の多様化・複雑化により、学校教育で「身につけるべき能力」も多様化・複雑化しているのである。松下（二〇一〇）は、これらの能力をポスト近代社会において求められるようになった能力であると捉え、それらを〈新しい能力〉と総称している。松下によれば、〈新しい能力〉の新しさは①多くの国々で共通に、また、初等・中等教育から高等教育・職業教育、労働政策に至るまでの幅広い範囲で主張されていること ②目標として掲げられているだけでなく、評価の対象とされていること ③知識・技能などの認知的側面だけでなく、興味・関心などの情意的側面や対人関係能力などの社会的側面を含む人間の能力の全体を包含していることである（松下 二〇一〇）。

松下がいう〈新しい能力〉を、例えば文部省（当時）は一九九六年に「生きる力」、また内閣府は二〇〇三年に「人間力」、経済産業省は二〇〇六年に「社会人基礎力」、そして文部科学省は二〇〇八年に「学士力」と表現している。さらに海外においても〈新しい能力〉を表す言葉として、「ジェネリックスキル（generic skills）」や「キー・コンピテンシー（key competencies）」などが用いられている。これら〈新しい能力〉が盛んに提唱されるようになった背景には、ポスト近代社会が、一方で「グローバル経済」を前提としているにもかかわらず、もう一方では価値や文化の多元化・多様化が急速に進展しているという事情がある（松下 二〇一〇）。

また同時に、「経済原理」に基づいた世界規模の「発展・競争・効率」重視という傾向がますます強まる社会情勢のなかで、教育界においても、以前にも増して「人間の能力を、さらに深部まで、さらに厳密に評価すべきである」という価値観が広まってきたものと考えられる。

◉高等教育における〈新しい能力〉と「主体的な学び」

近年の「教育」領域における以上のような傾向は、高等教育に対しても顕著に表れている。二〇一〇（平成二四）年三月、中央教育審議会大学分科会大学教育部会は、学士課程教育のあり方について『予測困難な時代において生涯学び続け、主体的に考える力を育成する大学へ』と題する「審議のまとめ」を提出した。これは、文部科学大臣の諮問を受け、大学教育の質の向上、大学の機能別分化など大学教育の中長期的なあり方を検討・議論した総決算として提出されたものである。

この「審議のまとめ」では、将来が予測困難な現代にあって「若者や学生の「生涯学び続け、どんな環境においても〈答えのない問題〉に最善解を導くことができる能力」を育成することが、大学教育の直面する大きな目標となる」としている。さらに、産業界や地域が求めるのは、高度経済成長期には均質な人材の供給であったが、今はそれが大きく変化し「生涯学ぶ習慣や主体的に考える力を持ち、予測困難な時代の中で、どんな状況にも対応できる多様な人材である」とする。

ここには「時代は大きく変化した」という認識がある。これまでの高度経済成長期のように基礎的な知識を一つひとつ積み上げていけば社会のなかでうまくやっていけるという常識が、今ではまったく通用しなくなった。私たちが暮らしている現在とは、明日何が起こるか全く予測できない時代である。そのような時代のなかでうまくやっていくためには、「どんな環境においても〈答えのない問題〉に最善解を導くことができる能力」そして「どんな状況にも対応できる能力」、つまり〈新しい能力〉が必要であり、大学教育にもそれが求められているということである。

しかしそれでは、今までの大学教育はそのような能力を学生に対し育成してこなかったのか？「審議のまとめ」のなかには、しばしば大学教育の「質的転換」という表現が出てくる。例えば、「学生の思考力や表現力を引き出し、その知性を鍛え、課題の発見や具体化からその解決へと向かう力の基礎を身につけることを目指す能動的な授業を中心とした教育が保証されるよう、質的に転換する必要がある」とし、「大学には、その転換に早急に取り組む責務がある」としている。

さて、それではここで求められている質の高い大学教育とは、具体的にどのようなものか？「審議のまとめ」のなかからその例を拾ってみると、「実習や体験活動などを伴う質の高い効果的な教育によって知的な基礎に裏付けられた技術や技能を身に付けること」、「教員と学生とが意思疎通を図りつつ、学生同士が切磋琢磨し、相互に刺激を与えながら知的に成長する課題解決型の能動的学修（アクティブ・ラーニング）」、「学生の思考力や表現力を引き出し、その知性を鍛える双方向の講義、演習、実験、実習や実技等の授業を中心とした教育」などが挙げられている。これまでの教員が学生に向かって一方的に専門知識を伝達するという方式の講義から、学生も講義に能動的に参加し

「主体的に学ぶ」ような講義への質的変換が求められている。

以上のように、高等教育においても〈新しい能力〉の育成が求められており、したがって「コンピテンシー」に関する議論も盛んに行われることになったのである。

◉経済協力開発機構（OECD）の国際的学習到達度調査（PISA）

教育現場において「コンピテンシー」に関する議論が盛んに行われるようになった第二の要因は、経営学における「経済原理」が教育現場にも大きく影響を及ぼしてきたことであると私は考えている。その象徴といえるのが「経済協力開発機構（OECD）」が世界的なプロジェクトとして実施している「国際的学習到達度調査（PISA：Program for International Student Assessment）」である。

PISAが対象としているのはOECD加盟国の一五歳の生徒であり、彼ら（彼女ら）の学習成績を国際的に比較調査することが目的である。つまり、経済のグローバル化という背景のもと世界各国の教育を共通の枠組みに基づき国際比較することにより、加盟国の教育的発展、そしてそれに直結する経済的発展を意図している。一五歳という年齢を対象とした理由は、多くの国で義務教育修了段階にあたるからとされる。

PISAプロジェクト自体は一九九七年に開始され、OECD加盟国を中心にして二〇〇〇年から三年ごとに学習到達度に関する国際的調査が実施されている。日本は「学習達成度調査」として、二〇〇〇年当初からこのプロジェクトに参加した。参加国数は、二〇〇〇年が三二か国だったがその後徐々に増え、二〇〇九年には六五か国になった。これらの参加国は、世界経済の約八割以上をカバーしている。

ところで、OECDは〈新しい能力〉という概念に対する検討の必要性を感じ、PISAプロジェクトが開始された一九九七年、同時に「DeSeCo（Definition and Selection of Competencies：コンピテンシーの定義と選択）」という世界的プロジェクトをスタートさせている（渡部二〇一五）。DeSeCoプロジェクトの目的は、それまで「コンピテンシー」として提案されてきた多種多様な〈新しい能力〉概念を整理し、PISAなど能力評価プログラムの理論的・概念的な基礎づけを行うことであった。

DeSeCoプロジェクトでは、二〇〇三年にプロジェクトを終了する時点で、さまざまに提案されてきたコンピテンシーのなかから重要と考えられる「キー・コンピテンシー」を選択している。具体的には、「個人の人生の成功（クオリティ・オブ・ライフ）」を実現するために必要なコンピテンシーとして、「経済的な地位・資源」、「政治的な権利・力」、「知的資源」、「住居と社会基盤」、「健康と安全」、「社会的ネットワーク」、「余暇と文化活動」、「個人的満足感と価値志向」を挙げている。また同様に「うまく機能する社会」を実現するために必要なコンピテンシーとして、「経済生産性」、「民主的プロセス」、「連帯と社会的結合」、「人権と平和」、「公正、平等、差別観のなさ」、「生態学的持続可能性」を挙げており、経済的価値だけに焦点化するのではなく、政治的・社会的・文化的・生物学的価値も視野に収められている。

さらに、OECDは二〇一八年実施予定のPISAで「グローバル・コンピテンシー」をみる調査の導入を検討している。これは、今後その重要性が増すと考えられる「グローバル人材育成」を考慮したもので、若者がグローバル化した世界で生き抜く能力をみるという。具体的には、価値観やアイディア、信念、信仰などが多様なグローバル社会のなかで、そのような多様性を受け入れる能力であり、自分と違う考え方や存在を尊重し、意見をまとめ連携していく能力を指すという[(1)]。

このような大きな潮流からみても、これからはますます「コンピテンシー」の評価が重視されることになるだろう。

第２節　「コンピテンシー評価」に対する違和感

◉経営学を基礎とした「コンピテンシー」

ところで、「コンピテンシー」はもともと「経営学」でよく使われてきた概念である。ハーバード大学の心理学者マクレランド（McClelland, D.）とその共同研究者スペンサーら（Spencer, L. M. & Spencer, S. M.）は、従来の知能テストの結果や学校の成績では就職した後の仕事の業績は予測できないと考えた（スペンサー＆スペンサー 二〇〇一）。つまり、「仕事ができるか、できないか」は従来のテストで計れるような知識やスキル（技能）が重要なのではなく、性格的・身体的な「特性」や「動機」など、つまり「コンピテンシー（コンピテンス）」が重要であると主張した。知識やスキル（技能）は客観的に測定可能であり、また目で見ることが比較的容易である（一般に「パフォーマンス」と称さ

（1）「国際学力テスト（PISA）、日本「学力向上」順位上げる」（The Huffington Post 二〇一三年一二月五日）〈http://www.huffingtonpost.jp/2013/12/04/pisa-2012-japan_n_4382175.html（最終閲覧日：二〇一六年九月八日）〉

れる）。しかし、性格的・身体的な「特性」や「動機」などは仕事の業績に大きく影響するにもかかわらず、その評価は困難であり潜在的なものである（これが一般には「コンピテンシー」あるいは「コンピテンス」とされる）。この考え方は、仕事の業績として見えるのは知識やスキル（技能）であるが、本当に重要なのはその背後にある実際には見えづらい（つまり水面下にある）性格的・身体的な「特性」や「動機」などであることから「氷山モデル」と名づけられた（スペンサー＆スペンサー 二〇〇一）。

例えば、企業における人材育成を考えた場合、商品に関する知識や営業の仕方などは社内教育により獲得させることが可能である。しかし、商品開発のためにチームで協力してアイディアをまとめたり、営業におけるさまざまなトラブルを臨機応変に処理したりするためには単に知識やスキル（技能）を学べばよいというものではなく、もともとその人がもっている「コンピテンシー」が重要になる。企業側の立場に立てば、入社の時点でこうした「コンピテンシー」にすぐれた人材を選考することが、人材育成のためのコスト面からいっても重要である。つまり、スペンサーらがいうように「たしかに七面鳥に樹に昇ることを教え込むことも可能かもしれないけれど、りすを採用した方が手っ取りばやい」のである（スペンサー＆スペンサー 二〇〇一）。

さて、それでは「コンピテンシー」はどのように評価されるのだろう？　マクレランドとスペンサーらはグラウンディッド・セオリー・アプローチを応用した「職務コンピテンシー評価法」を開発した。その方法は、まず組織のなかから高業績者と平均的業績者を選び出し「行動結果面接」を実施する。「行動結果面接」では、各々が職務で出会った重要な状況における成功例三例と失敗例三例を詳細に説明してもらう。その行動例の分析から二一種類の代表的なコンピテンシーを選び出し、さまざまな職務が要求するコンピテンシーとそれらの最適レベルを記述したコンピテンシー・モデル二八六種類を作成した。このモデルでは、全てのコンピテンシー・レベルが高いからといって評価がよいわけではない。つまり、職務のコンピテンシー・モデルと当人のコンピテンシーが釣り合っていることが業績および当人の満足度を高めると考えられ、それに基づいて人事が行われるのである（スペンサー&スペンサー 二〇〇一）。

以上のような考え方を教育現場に持ち込み成功している事例として、松下は「アルバーノ・カレッジ（Alverno College）」の実践を紹介している（松下 二〇一〇）。アルバーノ・カレッジはアメリカにおいて一八八七年に創立されたカトリック系のリベラルアーツ・カレッジであるが、一九七〇年代初めから独自の「能力をベースにしたカリキュラム」を開発・実践してきた。カリキュラムのベースとなっているのは〈新しい能力〉であり、具体的には「動機づけ、性向、態度、価値観、ストラテジー、行動、自己認知、概念的知識・手続き的知識が複雑に組み合わさったもの」である。これらが、「コミュニケーション」、「分析」、「問題解決」、「意思決定における価値判断」、「社会的相互作用」、「グローバルな視野の発達」、「効果的なシティズンシップ」、「美的なかかわり」の八つの能力にカテゴリー化される。八つの能力それぞれに六段階のレベルが設定され、一般教育ではレベル1-4、専門教育ではレベル5・6を育成することが目指される。そして最終的には、八つの能力全てにおいてレベル4まで達することが卒業要件とされる。

これらの能力と各レベルは公表されており、教員にとっては教育の目標に、学生にとっては学習の目標となる。学生は入学が決まったら「評価センター」に行き、自分がもつ「現在の能力」について評価を受ける。そして、その後の四年間さまざまな授業科目を通じて、知識の獲得と並んで〈新しい能力〉の向上を目指すことになる。一方、教員の側も、自分の授業やカリキュラム全体を通じて、知識と〈新しい能力〉の両方に働きかけることを求められる。この能力形成は大学で完結するのではなく、卒業後も、職業世界、個人生活、市民生活において持続するという。

結果的に、アルバーノ・カレッジにおける四〇年近くに及ぶ実践の蓄積とその「成功」は、〈新しい能力〉概念に基づく大学教育やコンピテンシー・マネジメント論を基礎とした大学教育の普及に大きく貢献している（松下二〇一〇）。

◉従来の「コンピテンシー評価」に対する違和感

ここで私は、アルバーノ・カレッジの教育に対して大きな違和感をもってしまう。その違和感の中心にあるのは、〈新しい能力〉や「コンピテンシー」が「八つのカテゴリー」に分類され「六つのレベル」に尺度化されて「評価」の対象になっているということである。例えば、「何かひとつの課題を成功させる能力」を考えようとした時、人格の深部にまで及ぶ人間の全体的な能力を「八つのカテゴリー」に分類し「六つのレベル」に尺度化して、それぞれを独立した能力として客観的に分析し評価しようとすることに対し、私は大きな違和感をもつのである。

先に紹介したように、スペンサーらの「職務コンピテンシー評価法」においてもコンピテンシーとして二一種類抽出し、それらを組み合わせて二八六種類のコンピテンシー・モデルを提案している。さらに、OECD の DeSeCo プロジェクトでも「キー・コンピテンシー」として具体的な項目を多数抽出している。私は、このように人間の深部にある能力に対して「客観的・分析的な評価」を行うことに大きな違和感をもつ。そして、この違和感の原因は、これらの試みが「経済原理に基づく教育評価」であることなのではないかと考えるのである。つまり、OECDの基礎に「経済原理」がある限り、またPISAが「経済原理」を基礎として世界の「教育」や「学習到達度」を評価しようとしている限り、パフォーマンスの背後にある「コンピテンシー」の一つひとつを抽出したうえで尺度化しようとする態度は必然的であり、避けることは不可能なのである。その結果、アルバーノ・カレッジで実際に行われてきたように「コンピテンシー」を客観的・分析的に捉え「複数のカテゴリー」に分類したり「複数のレベル」を設け、それぞれを独立した能力として評価することになる。さらにここでは、〈新しい能力〉や「コンピテンシー」は教師が授業を通して学生に獲得させることが可能であるという考え方が前提になっている。本当に、「コミュニケーション能力」や「意思決定における価値判断」、そして「美的なかかわり」は、教師が授業のなかで教えることは可能なのだろうか？

以上のように、教育現場において「コンピテンシー」に関する議論が盛んに行われることになった第二の要因としては、経営学における「経済原理」、つまり「効率的な教育を行うために学習者の深部まで客観的・分析的に評価する」という考え方からの影響が大きい。

しかしながら、パフォーマンスの深部にある能力、つまり「コンピテンシー」に対し「複数のカテゴリー」に分類したり「複数のレベル」を設けそれぞれを独立した能力として評価することは、本当に可能なのだろうか？　そして、もし可能だとしても、それは一人の人間を育てていく営為としての「教育」にとって、本当に必要なことなのだろうか？

◉高度経済成長期から成熟社会へ

現在、日本社会は「経済成長」だけを考えていればよい時代は終わり、「成熟社会」に入った。今後急速に進んでいく少子高齢化や人口の急激な減少、日々の暮らしに大きく影響する社会システムの激しい変化、原子力発電に象徴される科学技術に対する再考、さらには気象変動や巨大地震、火山の噴火などによるさまざまな大災害、そしてそれらの変化に対応しきれなくなった人々のストレスと深刻な鬱状態など、解決しなければならない大きな課題が山積している。このような多くの課題に対し、これからの「教育」はどのように対応していこうとしているのか？

物理学者でノーベル賞受賞者であるデニス・ガボール（Gábord. D.）によれば、「成熟社会」とは「人口および物質的消費の成長はあきらめても、生活の質を成長させることはあきらめない世界であり、物質文明の高い水準にある平和なかつ人類の性質と両立しうる世界」である（ガボール 一九七三：五）。そのガボールが、彼の著書 *The mature society: A view of the future*（1972）の日本語翻訳版『成熟社会―新しい文明の選択』（一九七三、講談社）の序文「日本の読者へ」のなかで、次のように述べている。

しかし日本を二度訪問し、日本の事についてたくさんの書物を読むうちに、私は日本はこれからの五〇年間に、人々の自由を放棄することなしに、過渡期をりっぱに乗り切り、高い文明水準での均衡を達成するであろうと確信するようになった。それはアメリカの生活様式ではなく、日本独自の生活様式によってであろう。（ガボール　一九七三、傍点は原著者）

ガボールは、そのように考える理由の一つとして「日本は熱狂的に技術の利益をとり入れたけれども、日本人は依然として伝統的な、高度に芸術的な文明、すなわち、日本人自身の魅力的な生活様式を大事に育てている、と信じているからである」とする（ガボール　一九七三）。そして、次のように付け加えている。

しかしながら、成熟社会への変化は自然には起きない。それは人々に多くの忍耐を要求するし、さらに主導者には、より一層の先見の明と知恵を要求するであろう。（ガボール一九七三）

「より一層の先見の明と知恵を持つ指導者」を養成するためには、どのような「教育」が必要であり、どのような「コンピテンシー評価」が必要なのか、今こそ真剣な、そして早急な検討をすべきなのである。そして、その際の一つのヒントとして私は、ガボールの指摘に従い「日本文化が長い時間をかけて育んできた日本独自のコンピテンシー」に着目してみたいと考えているのである。

第３節　日本伝統芸能における「コンピテンシー」

◉日本伝統芸能における「教える－学ぶ」への着目

私は、拙著『成熟社会の大学教育』のなかで「コンピテンス（日本型）」という概念を提案した（渡部二〇一五）。この概念は、私が二〇〇五年から実施している「日本伝統芸能デジタル化プロジェクト」から導き出されたものである。このプロジェクトでは、日本の伝統芸能や民俗芸能に対して、モーションキャプチャ・システムや３ＤＣＧなど最新のデジタル・テクノロジーを活用して保存や継承（教育）を支援している（渡部二〇〇七）。このプロジェクトはもちろん、時代の流れのなかで存続の危機にある日本の伝統芸能を最新のデジタル・テクノロジーを活用して保存・継承（教育）を支援するという目的をもっている。しかし、このプロジェクトの最も重要な目的は、伝統芸能の世界に最新のデジタル・テクノロジーを持ち込むことによって浮き上がってくる数百年にわたって続く「教える－学ぶ」という関係性の本質を探究しようとするものであった。その背景には、近年の西洋的な「近代教育」の行き詰まりに対する大きな危機感がある。このような行き詰まりを乗り越えていくために、古くから日本にあった「教える－学ぶ」という関係性がヒントになるのではないかと、私は考えたのである。

具体的に、日本伝統芸能における「教える－学ぶ」の特徴をみていこう。生田（一九八七）は、日本伝統芸能の特徴として、学習プロセスの「非段階性」と評価の「非透明性」を挙げている。日本伝統芸能は「形」の「模倣」から出発する。例えば日本舞踊の世界では、入門者はお辞儀の仕方など基本的な作法を師匠から教授されると、いきなり一つの作品の稽古が開始される。入門したての学習者は日本舞踊のイロハもわからないままに、師匠の動作を模倣させられるのである。

このような学習の方法は、ピアノやバイオリンなど西欧芸術の練習とは大きく異なっている。例えばピアノの場合には、まず右手の動き、次に左手の動き、そして両手の動きを練習する。つまり、西欧芸術の場合、一つの「わざ」はいくつかの技術の要素に分解され、それぞれを単元としたカリキュラムが組まれ、易しいものから難しいものへと一歩一歩、学習を進めていくのが一般的である。学習者は、ピアノならば初級教本の「ハノン」、バレエなら「パ（pas）」の練習に多くの時間をかけて、基礎がしっかり身についてから作品に入っていくのが常道とされる。このように、西欧芸術の学習は「段階的」に進む。

それに対し、日本伝統芸能の教育には細かなカリキュラムもなく、易しいものから難しいものへと学習を積み重ねていくという学校教育的な段階的学習の方法もとっていない。いきなり一つの作品の模倣から始まるが、易しいことから難しいことへと段階を追って進むのではなく、むしろ難しい課題を入門者に経験させたりする。このように西欧芸術の学習は「段階的」に進むのに対し、日本伝統芸能における学習は「非段階的に進む」という特徴をもつことを生田は強調する（生田一九八七）。

さらに、「評価」に関しても、日本の伝統芸能における「非透明な評価」は近代教育とは大きく異なっている。明治時代から始まり、第二次世界大戦後に著しく発展した「近代教育」の一つの特徴は、「客観的・分析的な評価」を重視するという点である。特に近年、ＩＣＴの発展により学習の成果が短時間で簡単に、そして正確に記録できるようになり、「評価」を重視する傾向はますます増している。このような近代教育からすれば、日本伝統芸能における評価は「あいまい」あるいは「いいかげん」と感じられるかもしれない。

日本伝統芸能では師匠の模倣、繰り返しを経てひとつの作品が師匠から一応「上がった」と言われると、学習者は次の作品の練習に入っていく。しかしこの場合、次の段階に「進む」という明瞭な観念は師匠にも学習者にもない。表面的に見れば、ただひとつの作品の模倣が終わり、また別の作品の模倣に入っていくにすぎないように見える。（生田　一九八七：一二三）

ここでは、学習者の学習を「きちんと評価する」というプロセスが抜け落ちているようにみえる。しかし、日本伝統芸能においても師匠によって「きわめて厳格な評価」が行われている、と生田はいう。評価はきわめて厳格に与えられているにもかかわらず学習者にはその評価のよって来たる根拠がただちには見えない、ということが日本伝統芸能における学習評価なのである。生田は「そのような評価の「非透明性」こそが、学習者に探求を持続させる」という（生田　一九八七）。

確かに、近代教育のように明確な学習目標があり、その目標に向かって一つひとつ段階を経て指導者による明確な評価を受けながら学習を進めていく方が、ずっと効果的・効率的であるように思える。

それにもかかわらず、日本伝統芸能は学習プロセスの「非段階性」や評価の「非透明性」という特徴をもちながら長い間、継承されてきたのである。

◉日本伝統芸能における「コンピテンス（日本型）」

日本伝統芸能は、学習プロセスの「非段階性」や評価の「非透明性」という特徴をもちながら長い間、継承されてきた。私はこれらの特徴を理解するため、暫定的に「コンピテンス（日本型）」という概念を設定した（渡部 二〇一五）。ここでは客観的に観察可能な「行為の現れ」を「パフォーマンス」と呼び、その「パフォーマンス」を発揮するための前提・原動力であり、客観的には観察不可能だがその人が潜在的にもっている能力を「コンピテンス（日本型）」と呼ぶ。

このように考えれば、日本伝統芸能における学習プロセスの「非段階性」という特徴は、「非段階」なのは表面に現れたパフォーマンスであり、「コンピテンス（日本型）」に着目すれば、師匠はきちんと段階を追って指導していることに気づく。また、評価が「非透明」と感じるのは「評価はパフォーマンスに対してなされる」という前提があるからであり、その前提を崩し「師匠はコンピテンス（日本型）を評価している」と考えれば、生田がいうように「師匠の評価は厳格である」ということも納得できる。

具体的な例を示しながら、もう少し詳しく「コンピテンス（日本型）」について検討してみよう。例えば、茶道における「お手前」や道具は、その学習者がもつ能力レベルによって多少は変わるけれど、より大きいのは季節やさまざまな状況に応じての意図的な変化である。まず茶道では、五月から一〇月までと一一月から四月まででは道具が大きく異なっており、したがってそのお手前も変わる。五月から一〇月の間、お湯を沸かすために炭をおこすのは「風炉」といって畳の上に置く炉である。この時期の釜は小ぶりであり、炭も短く細い。それに対し、一一月から四月までの炉は畳を切って囲炉裏のようなところに大ぶりの炉釜をかける。炭も長く太く、火力が強い。五月には炉を畳で閉じ、はじめて風炉を使う「初風炉」の儀式が行われ、一一月には「炉開き」の儀式が行われる。また、花見やハイキングなど外でお茶を楽しむ季節には「茶箱」の稽古が行われる。「茶箱」は茶道具全てを一つの箱に入れて持ち運べるようになっており、したがって道具の一つひとつが通常のものよりも小ぶりであるため、お手前も変わってくる。さらに、夏には涼しげなガラスの道具を使うこともある。加えて、まもなくお茶会が開かれるとなれば、そのお茶会のテーマに向けた稽古になる。このように、初心者、熟達者に関係なく、季節によって、また各種イベントによって、さまざまに工夫された道具を使っての稽古となる。

ここで重要な師匠の役割の一つは、さまざまな「文脈」を設定・提供することである。つまり、季節に合わせて、あるいはイベントに合わせてさまざまな道具を設定することにより、お茶を点てる「状況や環境」を意図的に変化させ（つまり、お茶を点てるという行為の文脈を意図的に変え）、どのような「状況や環境」においても学習者が安定しておいしいお茶を点てることができるように、学習者の「コンピテンス（日本型）」を鍛えている。

さて、このような茶道において「評価」はどのように行われるのだろう？　この時評価対象になるのは、「お茶をおいしく点てることができる能力」という「コンピテンス（日本型）」である。しかし、師匠がこれを観察できるのは何らかの状況（文脈）のなかにおいてのみであり、とても寒い時に「おいしくお茶を点てることができた」としても真夏に「おいしくお茶を点てることができる」とは限らないということも起こりうる。

ところが茶道では、このような「評価」についての考え方をそもそも最初からしていないということを、私たちは認識しなければならない。つまり、茶道の師匠には「今なにができるのか」を評価するという意図はなく、したがって「身につけて学び終えた証（あかし）、すなわち修了証やライセンス（免許）を意味するもの」を与えるということを伝統的にはしてこなかった。その代わりに「許状」とよばれるものがあるが、これは稽古の段階ごとに学ぶことを許可する「許し状」のことである。[(2)] つまり、師匠が学習者を評価する際には、「今なにができるのか」ではなく、「今の能力なら、どのような稽古が可能か」というところに視点がある。ちなみに、許状種目は「入門」、「小習」「茶箱点」、「茶通箱」、「唐物」というように進んでいく。[(3)]

その「許状」は、茶道に対する「総合的な評価」によって与えられる。具体的には、「姿勢・態度（師匠に対する尊敬、茶道への憧れ）」、「丁寧さ（ひとつひとつの手前を丁寧に行う能力）」、「手順（複雑な手

（2）裏千家ホームページ「修道のご案内」〈http://www.urasenke.or.jp/textb/culic/index.html（最終閲覧日：二〇一六年一二月五日）〉を参照。
（3）このような「許状」の考え方や制度は昔から続くものであるが、時代の変化により裏千家では近年、「許状」制度に加え「資格」制度が取り入れられた。その理由として「裏千家ホームページ」には、「入学試験や就職の際に茶道を習っていることで少しでも有利になりたいという要望が多いため」と示してある。「資格」は、茶道の修道者としての習熟度を表すもので、二〇〇〇（平成一二）年に広く一般社会にもわかりやすい名称・制度に改定された。つまり、「初級」「中級」「上級」「講師」と進んでいく。しかし、茶道では「許状」がその基本にあることに変わりはないという。

前を間違えずにきちんと行う能力）」、「知識（歴史、道具の由来など）」、「運動能力（立ち居振る舞いなど）」、「人格（もてなしの心など）」、「経済力（お茶事の道具を入手することが可能であるかなど）」、「茶道に対するセンス（お茶事、茶道具に対する好みなど）」などさまざまな側面を挙げることができる。もちろん、このような個々の側面は客観的・分析的に評価することもある程度は可能である。しかし、茶道が「許状」、つまり稽古の段階ごとに学ぶことを許可する「許し状」を前提として評価するという教育システムに依拠している限り、これらの側面を一つひとつ切り離してばらばらに評価することは教育的に何の意味ももたないことなのである。

第4節　「コンピテンス（日本型）」に対する「やわらかな評価」

◉日本伝統芸能における「非透明な評価」

パフォーマンスおよび「コンピテンス（日本型）」という概念を検討の視点として取り入れれば、日本の伝統芸能における「非透明な評価」の正当性がみえてくる。つまり、近代教育における評価がパフォーマンスの評価を基本としているのに対し、伝統芸能の師匠は学習者がもつ「コンピテンス（日本型）」を評価しようとしているのである。

例えば、神楽の舞は室内で舞うこともあれば、屋外で舞うこともある。しかも、雨の日もあれば雪が降る日もある。しかし、そのようなさまざまな「状況や環境」において「いつでも上手に舞うことができる」という「コンピテンス（日本型）」を師匠は評価している。このような「コンピテンス（日本型）」の評価は、客観的・分析的な「パフォーマンス」の評価と比較し「あいまい」あるいは「いいかげん」と感じられるかもしれない。また、その評価は誰に対しても平等な普遍的な評価ではなく、個々の学習者の状況に応じて異なった評価になり、まさに師匠（教師）の「学習者がもつコンピテンス（日本型）を見極める」という力量が試されることとなる。さらに、このような師匠（教師）の評価に加え仲間からの評価もある。それも、周りからの賞賛や「うわさ」のような「あいまいな評価」である。

師匠の「評価」は絶対的な権威をもつことに間違いないが、例えば神楽の師匠は、評価に対し「だいたいでよい」と発言していることは非常に興味深い（渡部二〇〇七）。この時師匠は、具体的に「何々を学んだ」とか「何々ができるようになった」と表現できるようなものを対象とはしていない。この時評価の中心にあるのは、その伝統芸能が本質的にもっている「世界観」や「価値観」に対して、学習者自身が「どれだけ馴染めるようになったか」ということなのである。「馴染めるようになる」ということは、その世界においてどのような状況においても「何とかうまくこなすことができる」という能力が身についたことを意味する。そのような能力を重視することにより、師匠は学習者を評価している。

このような「やわらかな評価」は、「師匠の想定を超えた学びに対する評価」を可能にするという大きな特徴をもつことになる。つまり、学習者の「学び」に対する枠組みや方向性が師匠と多少異なっていても、それを否定したりつぶしたりはしない。このことは、学習者の「主体的な学び」を生み出すうえで非常に重要であると私は考えている。そして、「師匠が教えようと意図していないにもかかわらず学習者自身において発生する気づきや理解」が生まれるのである。

私が「ポートフォリオ」を活用した近代教育における評価に対して懸念するのは、「学習者中心主義の立場に立ち学習者自身の主体的な学びを大切にする」という発想をもちながら、結果的には全て教師が想定した枠組みの中の評価に陥ってしまうということである。特に「失敗」は学習プロセスのなかで重要な意味をもつにもかかわらず、近代教育においては「失敗をなくそう」という意志が自然と教師には働いてしまう。

教師の「やわらかな評価」は、学習者に「学んだ結果を自らふりかえる余地」を残すことにもなり、この状況が学習者の「主体的な学び」にもつながっていく。そして、学習者に「教師の想定を超えた学び」をもたらす。逆に、教師があまり「きちんと」評価してしまうと、優秀な学習者ほどその評価基準に沿った学習をしてしまうことになる。

「主体的に考える力」を育成するためには、そして「どんな環境においても〈答えのない問題〉に最善解を導くことができる能力」を育成するためには、「教師にとって想定外の学び」こそ本来は尊重されるべきであり、また「失敗すること」は「次の段階への大きな一歩」を意味するのである。

◉最後に

近年、教育現場において「コンピテンシー」に関する議論が盛んに行われているが、その背景には経営学における「経済原理」が教育現場にも大きく影響を及ぼしてきたという事情がある。つまり、「発展・競争・効率」を重視する社会のなかで効果的・効率的な「人間に対する教育」を行うためには、より人間の深いところにある能力にも着目し「客観的で厳格な評価」を行う必要がある。私は、戦後日本の高度経済成長期には、このような考え方もある意味で妥当性があったと考えている。

しかし、社会の状況、世の中のシステム、そして人々の価値観が大きく変わろうとしている現在、人間の〈新しい能力〉や「コンピテンシー」の存在は、これまでとは全く異なった価値観を基にして検討しなければならない。つまり、時代は経済的発展に唯一の価値があった時代から、「人間性の発展」、「個々の人生の豊かさの発展」そして「文化の発展」を重視する時代に変わろうとしている。

そのような「成熟社会における教育」において、「コンピテンシー」という概念は、これまでとは全く異なった意味や価値をもつことになるだろう。そして当然、その「評価」も大きく変わることになる。

【文　献】

生田久美子／佐伯　胖［補稿］（一九八七）『「わざ」から知る』東京大学出版会
ガボール・D／林雄二郎［訳］（一九七三）『成熟社会―新しい文明の選択』講談社
スペンサー・L・M、スペンサー・S・M／梅津祐良・成田　攻・横山哲夫［訳］（二〇〇一）『コンピテンシ

ー・マネジメントの展開―導入・構築・活用』生産性出版
松下佳代（二〇一〇）「〈新しい能力〉概念と教育―その背景と系譜」松下佳代［編著］『〈新しい能力〉は教育を変えるか―学力・リテラシー・コンピテンシー』ミネルヴァ書房、一―四二頁
渡部信一［編著］（二〇〇七）『日本の「わざ」をデジタルで伝える』大修館書店
渡部信一（二〇一五）『成熟社会の大学教育』ナカニシヤ出版

第8章　教育現場の評価者は同時に「指導者」であるということ

渡部信一

一般に、教育現場では「見える能力」に着目し「客観的・分析的な評価」が行われてきた。しかし実際には、「見える能力」を支えている「見えない能力」が存在する。それは、「客観的・分析的な評価」が困難なため無視されるか評価をあきらめざるをえないことが多い。本章では、評価者にとって「見えない能力」あるいは「見えにくい能力」が「自閉症児の言語獲得」にとって大きな影響を及ぼした事例を紹介し、教育現場の「評価者」は同時に「指導者」であるという視点の重要性を示す。

第1節　自閉症児・晋平との出会い

私が自閉症児・晋平(1)と出会ったのは、私が教員養成大学において特別支援学校の教師を目指す学生とともに自閉症の子どもたちにかかわりながら学生指導をしていたころであった。私の周りにいた教授の多くは、それまでの研究成果に基づいた「療育マニュアル」をもっていて、それに従い「きちんとした評価」および「きちんとした訓練」を行っていた。しかし私は、どうしてもそれを受け入れることができなかった。本当に「きちんと評価し、きちんと訓練」することは、彼らの日常生活にとって役に立つのだろうか？　私は、そのようなことがいつも気になっていた。そのような時、私は「重度の自閉症」と診断された晋平に出会った。[2] それ以降、晋平とは二〇年以上にわたってかかわっている（渡部 一九九八b、二〇〇四、二〇〇五、二〇〇六）。

私が晋平とはじめて出会ったのは彼が四歳になったばかりの時であったが、当時彼は言語を理解できず話をすることもできなかった。母親とも視線が合わず、数字や記号に対する強いこだわり、偏食、奇声、多動などが顕著に認められた。具体的には、晋平は次のような特徴を示した。

晋平は物心がついたころから、数字やアルファベット、ひらがな、カタカナに対する強いこだわりが認められた。晋平は「かなブロック」が大好きだったが、いつもすることは「あいうえお、かきくけこ、さしすせそ……」ときちっと並べることである。つまり、晋平が好きなのは、純粋に「整然と並んだ記号」なのである。リンゴの絵を見ながら「り・ん・ご」と並べたり、「し・ん・ぺ・い」と自分の名前をつくって喜んだりはしない。例えば、母親が一緒に遊ぼうとして晋平が遊んでいる横に座り、「し・ん・ぺ・い」と「かなブロック」でつくろうものなら、表情一つ変えず即座に手が飛んできてそれを壊すという。彼にとって、「し」という記号の次にくるものは「しんぺい」の「ん」ではなく、「さしすせそ」の「す」でなければ絶対に許すことはできない。この「きちんと並んでいる」ということに、とことんこだわるのである。

その他にも晋平は、「整然と並んでいるもの」に対し強いこだわりを示した。例えば、一定間隔で同じような木が整然と並んでいる並木道は晋平のお気に入りであるし、同じようなデザインのバスが一列に整然と走り出していくバスセンター前の道路も大好きであった。当然ミニカーを一列に並べることも大好きであり、何十台ものミニカーを数ミリの狂いもなくきちっと並べ、悦に入っていた。

さて、私はこのような状態にある自閉症児・晋平とかかわることになり、「どのようにかかわって行けば晋平の発達を促すことができるのか」と考えていた。そして当時、私は「指導」に関して次のように考えていた。

（1）「晋平」は実名である。広く社会に公開される文献において、「個人情報保護」に配慮し研究対象の名前を仮名にすることが推奨されている。しかし、晋平の母親である古浦章子さんのご希望により、私が「晋平」に関する情報を公開する場合には可能な限り実名を使用している。彼女が晋平の母親として私に語ってくださった「障がいを持っているという理由により名前まで消されてしまうことは、とても耐えられることではありません」という言葉は、私にとって多くの示唆を与えて下さった。加えて、研究者として研究対象に接する時、匿名の対象ではなく「実名を持った個人」を前提とすることは、その研究の本質にも影響するほどに重要であり、また研究者としての「責任の重さ」にも直接関係すると、私は考えている。このような「研究にとって最も重要なこと」を教えてくださった古浦章子さんおよび古浦晋平さんに感謝いたします。なお、ご本人あるいはご両親や関係者が実名の公開を望まない場合にはもちろん、どのような場合にあってもその御意志を一〇〇パーセント尊重すべきであることは当然である。

（2）本章で「自閉症」と表現している障がいは現在、「自閉症スペクトラム障害（Autistic Spectrum Disorder：ASD）」とされている（渡部 二〇一三）。しかし、本事例は医師により正式に「重度の自閉症」と診断されていることを考慮し、ここでは「自閉症」と表現する。

仮説　コミュニケーションなどの「認知能力（見えない能力、あるいは見えにくい能力）」を対象とした指導が、結果的に「言語の理解や表出（見える能力）」の発達を促すのではないか？

こうして、私の「自閉症児・晋平」とのかかわりが始まった。四歳から小学校入学までは週一回の個別指導と週一回の小集団指導、小学校入学から一〇歳までは週一回の小集団指導を継続してきた。私は母親との丁寧な話し合いを行い、私が考える枠組みでの教育を行ってきたが、結果的にそれは対象児における予想以上の発達をもたらすことになった。(3)

第２節　言語獲得とコミュニケーション能力

人と人とのコミュニケーションでもそうだし、自閉症児に対する教育でもそうなのだが、さまざまな情報を「きちんと言葉で伝える」ということはとても重要なことであるとされる。さまざまな情報や自分の気持ちを「きちんと言葉で伝える」ことによってはじめて、コミュニケーションが成立する。だからこそ、コミュニケーションが苦手な自閉症児に対する「言語指導」は非常に大切であるとされる。そして、言語理解や言語表出という「見える能力」に対する「客観的・分析的な評価」が重視されてきた。

しかし、私が選択した指導方針は、「言語の理解や表出（見える能力）」を直接指導の対象とするのではなく、コミュニケーションなどの「認知能力（見えない能力、あるいは見えにくい能力）」を長い時間かけて指導することにより、結果的に「言語の理解や表出（見える能力）」の発達を促すというものであった。正直なところ、私は「指導者」としてこの指導方針が正しいのか大きな不安を抱えていた。

そのような時に行った一つの検討が、私にこの指導方針の選択を決心させた（渡部 一九九五、二〇一二）。それは、晋平の母親のひとことから始まった。

晋平にとっては、特に話さなくとも別に何の不自由もないはずです。でも、せめて何か人に親切にしてもらった時に「ありがとう」と言えるくらいにはなってほしいと思います。（晋平の母親）

晋平の母親は、人とのコミュニケーションをスムーズにするために、感謝の気持ちを言葉で伝えることができるようになってほしいと言う。この一見あたりまえのことが、その時の私はとても気になった。「でも、コミュニケーションが成立しているから「ありがとう」と言えるんじゃないのかな」。その時、私は強くこのように思った。

（3）私自身の職場が変わったため、晋平が一〇歳以降は年に一回あるいは二回のフォローアップのみのかかわりを続けてきた。晋平とは、二〇年以上の付き合いである。

疑問①　コミュニケーションをスムーズにするために「ありがとう」と言うのか？　それとも、コミュニケーションが成立しているから「ありがとう」と言えるのか？

検討のポイントを整理するため、図示してみる（図8・1）。感謝の気持ちを「ありがとう」という言葉で伝えることによってコミュニケーションが成立すると考えれば、「ありがとう」は原因であり、その結果として「コミュニケーションが成立する」（A）。ところが、コミュニケーションが成立しているから「ありがとう」が言えると考えれば、「コミュニケーションが成立する」が原因で「ありがとう」と言えることが結果になる（B）。興味深いことに、その因果関係がまったく逆転してしまう。

「評価」ということを考慮すれば、「ありがとう」という言語表出は客観的に観察可能であり、客観的・分析的な「言語能力の評価」を行うことに適している。一方、「コミュニケーション」が成立しているか否かを客観的に捉えることは困難である。したがって、「ありがとう」と言えることが晋平の「評価」に直結しやすい。

さらに、この図に「言語指導」という観点を加えると、前者（A）は、「言語指導を行なうことによって「ありがとう」と言えるようにし、コミュニケーションをスムーズにする」と言い換えることができる（A）。この場合、言語指導が原因となり、その結果「ありがとう」と言えるようになる。そして、「ありがとう」と言えることが原因となり、その結果としてコミュニケーションがスムーズになる。このように考えれば、とても明確に言語表出とコミュニケーションの関係を示すことが

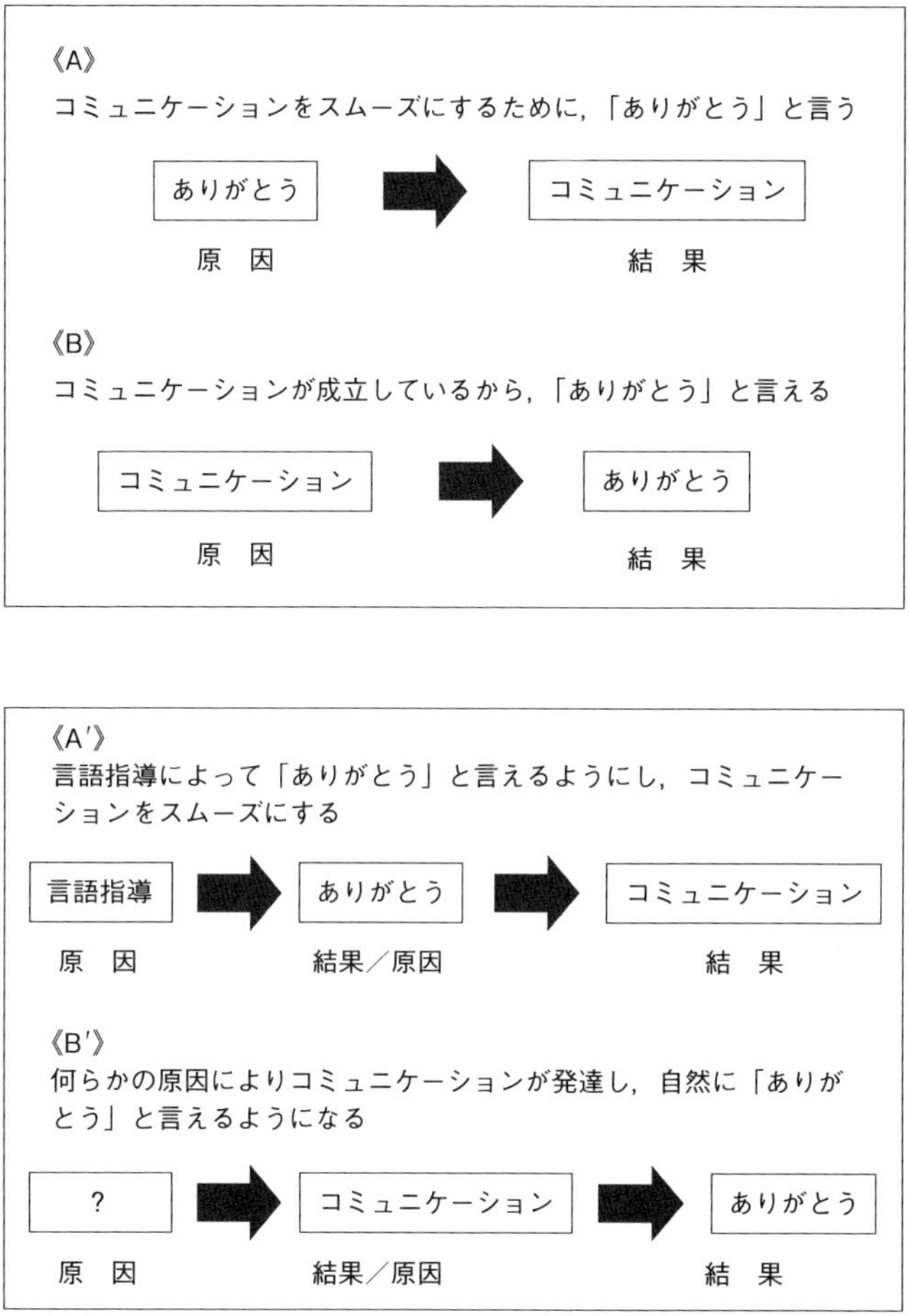

図8・1　コミュニケーションと「ありがとう」の関係

できる。つまり、もし「きちんと言葉で伝える」ことを求めようとすれば、きちんと言語指導を行い確実に「ありがとう」と言えるようにし、その結果としてコミュニケーションの改善を図るという選択をすることになるだろう。

一方、後者（B）では、コミュニケーション能力を発達させる原因を特定することは難しい（B′）。さまざまな要因が複雑に絡み合い、その相乗効果によってコミュニケーションが発達する。したがって、目標として「ありがとう」と言えることを設定しても、どのように指導したらよいのかの明確な答えを得ることはできない。

あえていえることは、晋平がそのような「状況」のなかに存在することにより母親や周囲の親しい人々から「しみ込むように」言葉を学んでいくということである。コミュニケーション関係が深まれば、晋平自身が自然に「話したい」と思うようになるだろうし、そうなってはじめて「自らの学び」が生まれる。

結果的に、私は母親との丁寧な話し合いを行い、後者の考え方を選択することを決断した。それと同時に、言語発達とコミュニケーション能力など認知能力の関係についても注意深く検討していくことを決めた。

第３節　言語発達の基礎としての「聴こえ」の問題

このころ（晋平が四歳のころ）、私にはもう一つ疑問が生じた。それは、以下のような出来事に端を発していた（渡部 一九九七）。

晋平がひとりで遊んでいる側で、私は母親と世間話をしていた。私がふと晋平に視線を移すと、偶然晋平の視線と合った。晋平と視線が合うことはまれなことなので、私は少し驚いた。そして、次の瞬間、私には次のような疑問が生じた。

疑問②　晋平は、私と母親が「話している」様子をどのように見ているのだろう？

この疑問に対しては、とりあえず次の二通りの晋平の気持ちが考えられる。

ケース①　「ボクもみんなと同じようにしゃべりたいなあ」
ケース②　「みんなよくしゃべっているよなあ。でも、ボクには関係ないよ」

これらは、「話すこと」に対する「動機（motivation）」に関係している。そして、ケース①では積極的な言語指導への参加が期待される。もし晋平がこのような言語指導に対する能動性をもち、指導に対して協力的であったならば、言語指導は非常に効果的に行われ得るだろう。換言すれば、このような晋平側の条件が整ってはじめて、「きちんと評価し、きちんと指導する」ことが有効性をもつようになる。しかし、私には晋平が自分自身から話そうとしているとは考えられず、母親が言うように「話さないことに対して何の不自由も感じていない」ように思われた。

晋平の場合、その状況はケース②に近いと私は当初考えていた。つまり私は、晋平は「話すこと」に対する動機が全くないのだと考えていた。そして、晋平の「話すこと」に対する動機を高めるために、課題に成功した場合には報酬としてチョコレートを与えるという方法を試みた。しかし、それは全くの失敗であった。言語指導に対して積極的に参加するための契機にしようと用いた報酬が、晋平にとっては一次的な目的になってしまった。晋平は課題の成功や失敗にかかわらず、執拗にチョコレートを要求した。その態度は、私たちに「成功したときだけチョコレートを与える」という取り決めの撤回を迫るほど激しいものであった。

このような指導の失敗を経験し、私の認識は変化した。つまり、「私と母親が「話している」様子を、晋平はいったいどのように見ているのだろう？」という疑問に対して解答しようとする時、動機という視点だけで検討することは誤りではないのかと考えるようになった。そして私は、第三のケースとして次のような仮説を設定した。

ケース③　晋平の耳には（目には）、私たちの話していることが全く入っていない！

晋平に聴覚障害があるとか、視覚障害があるということではもちろんない。この仮説の意味するところは、物理的には同じ「場」を共有していながら、晋平は全く異なった「世界」に存在しているということである。つまり晋平にとって、「私と母親が「話している」こと」は別世界の出来事であり、全く「リアリティ（reality：現実感）」がないのである。したがって、「話したい」とも思っていないし、「自分には関係ない」とも思ってはいない。このような意味で、晋平が「話せない」という状況は外国人が日本語を「話せない」という状況とは全く異なっている。

さらにこの仮説は、次のような晋平が示した「聴こえ」に関する特異な現象によっても裏づけられる（渡部　一九九七）。

現象①　晋平が最も嫌いな音は、「幼い子どもの声」である。赤ん坊の泣き声はもちろん、二―三歳の幼児が母親と話すような声も嫌がる。デパートでエレベータに乗った時など、幼児が一緒に乗っていると隅の方でじっと我慢している。特に、甲高い声に対して極端な嫌悪感を示すが、それは声の大きさというよりは声の調子が影響しているようである。また、その声の内容が、悲しいものであっても、楽しいものであってもそれほど違いなく嫌がる。

現象②　晋平の家では、以前から一匹の犬を飼っている。晋平もその犬をかわいがっており、すっかり家族の一員になっている。しかし、ひとつだけ晋平にとって苦手なことは、この愛犬のほえる声である。例えば姉が学校から帰宅した時など、犬は喜んで激しくほえる。すると晋平は居間のドアを閉めてその声が聞こえないようにしたり、二階の自分の部屋に上がっていきドアを閉めてしまう。それは、純粋にその「音」を嫌がっているように思われた。

現象③　工事現場から出る大きな音は、晋平にとって大嫌いな音のはずである。ところが、ときどきその音に吸い込まれるように晋平は近寄っていく。そしてつらいというように顔をしかめ、両手で耳を押さえる。そんなに嫌ならさっさと離れればよいのにと母親は思うが、しばらくは（一〇分程度）そこから離れずつらそうに体をよじらせている。

以上三つの現象に共通していえることは（そしてそれは、晋平がもつ大きな特異性でもあるのだが）、一般に私たちが普通にもっている「音に対するリアリティ」の欠如、つまり「日常生活を背景とした音が持つ意味の欠如」である。晋平は、幼い子どもたちの声に対しても、愛犬のほえる声に対しても、そして工事現場から出る大きな音に対しても、一般に私たちが普通にもっている「意味」をもっておらず、したがってその音に対しての「リアリティ」が欠如しているのである。

これまでの研究では、「カクテルパーティー効果」に代表されるように、音の聴き取りには「注意」や「集中」というような「意図性」が重視されてきた（渡部 一九九七）。例えば「聴き耳をたてる」といえば、それは対象とする音に「注意」を向け「集中」することを意味した。しかしながら、晋平にとって「聴こえ」の問題は決して「意図性」に還元されるようなものではなく、日常に対する「リアリティ（現実感）」の欠如が原因であると考えられた。

以上のような「言語発達とコミュニケーション能力」に関する検討および言語発達の基礎としての「聴こえ」に関する検討をうけて、私は当初もっていた「仮説」に基づいた指導方針を決定した。

指導方針　コミュニケーションや「聴こえ」などの「認知能力（見えない能力あるいは、見えにくい能力）」を強く意識した指導を行い、結果的に「言語の理解や表出（見える能力）」の発達を促す。

具体的に、私は以下の点を強く意識しながら指導を実施することにした。

●母子関係を中心に「コミュニケーション」を重視する
●晋平の意志を最大に尊重することにより、自発的な意思表示を促す（要求、拒否、感情など）
●さまざまな「状況」を設定し、多くの経験をさせる（子ども集団、新しい環境）

結果的に、その選択は正解であった。小学校に入ったころから著しい発達が認められるようになり、それまでの無表情から笑顔が出てきた。また、人の言うことも状況のなかではある程度理解できるようになってきた。そして、小学四年生の夏休み、晋平は自ら「指書」というコミュニケーション手段を使い始めたのである（渡部 一九九八、二〇〇五）。次節では、晋平がコミュニケーション手段として自ら獲得した「指書」について紹介する。

第4節　「指書」という「見える能力」の表出

ある日、母親は驚いて私に次のように報告してくれた。

それは八月の最終日、今日で夏休みが終わり、明日から学校という日でした。夕食を食べ終え、晋平、お姉ちゃん、そして私の三人が、お姉ちゃんの部屋でくつろいでいた時のことです。お姉ちゃんは、明日の学校の用意をしていました。私が何気なく「もう夏休みも終わりね」と言うと、晋平がランドセルのミニチュアを指さしました。それはお姉ちゃんのアクセサリーです。

「ああ、晋平も明日から学校だという気持ちを表現したいんだな」。

そう思いましたが、特にそれに対して反応することもなく、ただボーッとしていました。お姉ちゃんも、晋平が指さしたことに気づいたのか気づかなかったのかわかりません。

すると晋平は、突然私の手を取ると手を開かせ、手のひらに「がっこう」と指で書きました。

そんなことはこれまで一度もなかったので、とても驚きました。

この事件をきっかけにして、晋平は自己表現の手段として「指書」を使い始めた。指書が出現し始めた当初、最も頻繁に出現したのは母親に対してであり、それは学校から帰ってきた後のゆったりした時間に多くみられた。晋平は母親の手を引っ張り自分のところに寄せ、その手のひらに人さし指で書く。もし間違って修正したい時には、手でごみを払うように手のひらをなでる。この行為は頻発し、書いては消しまた書くことが頻繁に行われた。

さらに興味深いことは、その「書き順」である。指書の書き順は、しばしば間違った書き順であった。例えば「くるま」の「ま」は、最初に中央の縦線（＋くるりとひねり）を書いてから横線二本を書く。ところが、学校の授業中行う書字や宿題のプリントで書く文字の書き順はほとんどの場合、正しかった。「くるま」も正しい書き順で書いていた。つまり晋平にとって、コミュニケーション手段としての文字（指書）と、お勉強としての書字では、たとえ同じ文字であったとしても全く異なった意味をもつと考えられた。

疑問③　「見えない能力（見えにくい能力）」である「認知能力（コミュニケーションや「聴こえ」など）」が十分に発達したところで、「見える能力」である「指書（言語）」が表出したと考えてよいか？

疑問④　晋平にとって、コミュニケーション手段としての文字（指書）とお勉強としての文字（書字）では、異なった意味をもつのではないか？

八月下旬にはじめて指書が出現してからしばらくは、三日に一回ほどの頻度で指書は出現した。しかし、徐々にその数および頻度が増加していく。指書が出現し始めた八月下旬から一二月までの約三か月の間に母親は三〇以上の単語を確認している。例えば、何かがほしい時（要求）の指書としては、「ピザ」、「カカオ（カカオの実というお菓子）」、「オムライス」、「ごはん」、「さっぽろポテト」、「ドーナッツ」、「チキン」などが出現した。また、何かをしてほしい時の指書としては、「せっけん（手を洗いに一緒に来てほしい時）」、「くるま（車に乗りたい時）」、「レンジ（《エピソード①》参照）」などがみられた。さらに、何かを伝えたい時の指書としては、「は（歯が痛い時）」、「ふとん（ベッドに行くことを告げる時）」、「ランドセル（明日学校があるかどうか尋ねる時）」、「あし（スケートをしたあと、靴を脱ぐ時）」などがみられた。その他にも、「かっぱぁーず（晋平の好きなスポーツクラブの名前）」、「みつば（晋平の好きなお菓子屋の名前）」、「め（母親のコンタクトレンズのケースを指さして）」、「スパゲッティー（《エピソード②》参照）」などが出現した。

《エピソード①》

晋平は好物のラザニアを冷蔵庫から取り出し、母親のところに持ってきた。そして、母親の手を取り指書を開始。母親は「ラザニア」と指書するものと予想していたが、「レンジ」と指書。母親は大変驚いたと言う。

《エピソード②》

その日の夕食はスパゲッティーだった。晋平はそれを知ると、本棚から「あいうえお辞典」を取り出しスパゲッティーの項目を引き、その書き方を確認。あらためて母親に対し「スパゲッティー」と指書。

指書が出現してから三か月後の一一月、はじめて学校において、先生に向かって「トイレ」と指書が出現する。一二月には三〇単語以上の指書が出現し、その頻度も一日に四、五回から十数回に増加した。さらに、母親だけでなく姉および祖母に対しても指書が出現するようになり、学校でも教師に対する指書が増加していく。このころ、教師からの連絡帳には、コミュニケーション改善の様子が記載されている。例えば、「この頃、「トイレに行く」という意味での「トイレ」の指書が定着しました」などの記載がみられる。

次の年の一月には「おやすみ」などの挨拶の指書が出現。はじめての指書から六か月経過した一九九五年二月には指書の数が一〇〇単語を超え、指書が日常生活に定着したと考えられる。このころ、テレビの面白い場面で声を出して笑うようになってくる。母親によれば、そのようなことは「今まではなかったこと」という。四月ごろから、これまではほとんど興味を示さなかった漢字単語に対し急に興味をもちだし、漢字絵本や漢字辞書に熱中する。母親に対し、漢字の音読を求める行為がみられるようになる。また、自分で漢字を調べるという行為が頻繁に出現するようになる。

さらに、四月には二単語続けて指書が出現する。例えば、姉がお風呂に入っている時母親に対し、「しゅうこ（姉の名前）」、「おふろ」という指書が出現した。私とともに家庭を訪問したはじめて会う学生に対しても指書が出現する。五月になると形容詞（「小さく」、「おおきな」）、動詞（「行く」）、助詞（「つみ木で」）、感情語（「すき」）の指書が出現するといった品詞の拡大が観察された。

その後、「指書」はコミュニケーション手段として定着していった。そして、はじめて「指書」が出現してから一年後、書き順の誤りは消失した。これまで乖離していた「学校におけるお勉強のなかでの書字」と「コミュニケーション手段としての指書」が、ここでようやく「文字言語」として統一されたと考えられる。

ところでそのころ、私は「指書を筆談に発展させるために指導しよう」と考えた。そして、試しに意識的に晋平に対し筆談を求めた。しかし、晋平はそれを強く拒絶した。また母親も、「はっきりとした理由はわからないけど、晋平にとって指書と筆談とは全く意味が違うように感じます」とコメントした。

疑問⑤　晋平にとって「指書（指で相手の手のひらに書く）」と「筆談（ボールペンで紙に書く）」では意味が違うのか？　指書を筆談に発展させるための指導は晋平にとって、どのような意味をもつのか？

検討の結果、私はしばらくのあいだ様子をみることにした。ところが今回もまた、その問題は晋平自身が解決してくれた。晋平自身が自主的に筆談を開始したのである。それは、次のような場面であった。

晋平は、祖母に何か伝えたいことがあったようだ。そこで、祖母の手を取ると手のひらに指書を始めた。ところが、祖母はなかなかそれを読みとることができない。晋平の書き順は全くいい加減なものだから仕方がない。しばらくすると晋平は突然その場から立ち去り、まもなく戻ってきた。そして、その手には紙とボールペンが握られていた。電話の脇に置いてあったメモ用紙とボールペンを持ってきたのだった。この時以来、筆談（書字）がコミュニケーション手段として使用されるようになったのである（渡部　一九九八、二〇〇五）。

その後の晋平の成長は、それまで多くの自閉症児と接してきた私の予想をはるかに超えるものであった。高校時代には、「相手の気持ちを察したうえで自分の行動を決定する」という高度なコミュニケーションも可能になった。また、小学校から好んで描いていた絵画も上達し、高校一年生からは毎年、小さな個展を開いている。そして、現在はボランティアの人々に支えられながら、障がいをもった数名の仲間たちとともにコーヒーショップを兼ねた軽作業所で働いている。表通りに面したコーヒーショップの壁には晋平たちが描いた個性的な絵画がかけられ、気に入った客が買っていくこともあるという（詳しくは、渡部（一九九八、二〇〇五）を参照）。

第５節　教育現場ではいつも「評価者」であると同時に「指導者」である

私が自閉症児・晋平に関わってきた一〇年間を「評価」という視点からふりかえると、以下のような特徴が浮かび上がってくる。

①私は、「指導者」であるということを前提にして晋平を「評価」してきた。それは、「客観的・分析的な評価」とは本質的に異なっていた。

②晋平に対して行ってきた「評価」は週に一度、あるいは月に一度というものではなく、「彼と接している全ての時間、一時も途切れることなく評価は行われていた」ということができる。

③「指導者」は、単なる評価者には「見えない、あるいは見えにくい学習者の能力」に気づき、指導に反映させることができる。

もし私のなかで「評価者である私」と「指導者である私」が分化していたとしたら、晋平に対する私の評価や、その評価に基づく指導も大きく異なっていただろう。

例えば、晋平の言語能力については「ありがとう」と言うことができないと評価し、「ありがとう」を言わせる訓練をしていただろう。また、晋平の「聴こえ」に関しては「大きな問題がある」と評価し「聴こえ」に関する厳密な検査を徹底的に行っていただろう。さらに、「指書」ができるのに「筆談」ができないことに対しては「表出メディアに障がいがある」と評価し、「書字」の訓練を徹底して行っていただろう。

「評価」の視点が異なれば、その結果も当然異なる。そして、その評価結果に基づく「指導」の方向性も大きく異なってくる。私が晋平と向き合うなかで重視してきたことは、「学び」の認知科学で強く主張されている「そもそも知識が捉えているのは一定のまとまりをもった意味システムである」という考えである。

松下は、近代教育における学習は「知識を成り立たせているコンテクスト」あるいは「学習者が置かれた生のコンテクスト」を無視し、意識的に切り捨てていると批判する（松下 二〇一〇）。ここでいう「コンテクスト」とは、学習者がおかれた状況や文脈を指す。本来の「学び」は学習者がおかれた状況や文脈、つまりその「学び」を取り巻くさまざまな意味が関連して起こる。しかし、近代教育はそのようなコンテクストを意識的に切り捨てることにより可能になる「客観的知識」の獲得を意図してきたのである[4]。

その結果、近代教育における「学習」によって習得できるのは「世界の表象（representation）」だけである。「世界の表象」とは、実際に知識が捉えている世界（＝意味システム）を何らかの「記号（例えば、言語）」によって代理させたものでしかない。したがって、表象の獲得としての学習をどれだけ積み重ねたところで、知識を「生きて働く」ものにすることはできない（松下 二〇一〇）。

以上のような松下の主張を受け入れて検討すれば、近代教育における評価者は学習者の能力を「客観的かつ厳格に評価」するために、あえて状況や文脈を排除してきたことになる。それに対し「指導者」としての私は、晋平がおかれている状況や文脈を十分に把握しようと努め、場合によってはそれをコントロールすることにより「指導」を有効なものにしようとしてきた。

結局、私が自閉症児・晋平に対して一〇年間行ってきたことは、「評価者」である以前に「指導者」であるという前提に基づいた指導実践なのである。

（4）明治維新以降、近代西欧的な合理主義に基づく教育の枠組みが日本の学校教育にも強く影響している。これは第二次世界大戦後も継続しており、「客観的な評価」や「科学的な教育」という考え方を有効なものにしている。教育学あるいは教育心理学では、このような近代西欧的な合理主義に基づく学校教育を総称して「近代教育」と表現することが多い。

【文　献】

松下良平（二〇一〇）「学ぶことの二つの系譜」渡部信一［編］『「学び」の認知科学事典』大修館書店、二一－三八頁
渡部信一（一九九三）「「コミュニケーション事態」における障害児の発達」『福岡教育大学紀要　第四分冊　教職科編』（四二）、三九三－四〇〇
渡部信一（一九九五）「自閉症児に対する言語指導の再考」『福岡教育大学障害児治療教育センター年報』八、七九－八三
渡部信一（一九九七）「人間の「聴こえ」に対するもうひとつのパラダイム―自閉症の音声聴取からのアプローチ―」『福岡教育大学紀要　第四分冊　教職科編』（四六）、二八七－二九四
渡部信一（一九九八）『鉄腕アトムと晋平君―ロボット研究の進化と自閉症児の発達』ミネルヴァ書房
渡部信一［編著］（二〇〇四）『自閉症児の育て方―笑顔で育つ子どもたち』ミネルヴァ書房
渡部信一（二〇〇五）『ロボット化する子どもたち―「学び」の認知科学』大修館書店
渡部信一（二〇〇六）「高度情報化時代における自閉症教育」『教育學研究』七三（二）、一三七－一四七
渡部信一（二〇一二）『超デジタル時代の「学び」―よいかげんな知の復権をめざして』新曜社
渡部信一（二〇一三）「自閉症スペクトラム障害児に対する教育／セラピー」：内田伸子・繁桝算男・杉山憲司［責任編集］『最新心理学事典』平凡社、一九八－二〇〇頁
渡部信一（二〇一五）『成熟社会の大学教育』ナカニシヤ出版

終　章　教育現場における「コンピテンシー評価」とは何か？

渡部信一

この終章では本書のまとめとして、教育現場における「コンピテンシー評価」の三つのタイプを示す。評価対象を「コンピテンシー」としたうえで「客観的で厳格な評価」を行おうとする「タイプⅠ」。「行為の現れ」がパフォーマンスであり「行為の可能性」がコンピテンシーであるという考え方をもとに、「文脈性」をも考慮しながら評価する「タイプⅡ」。そして、教育現場における教師は評価者であると同時に「指導者」であることを前提にした「タイプⅢ」について詳しく検討する。「タイプⅢ」の評価は、「学習者がもっている能力」に対する単純な評価というよりは、指導者と学習者の関係性から大きな影響を受ける「やわらかな評価」であることを示す。

◉はじめに

各執筆者に対し本書の執筆を依頼する時、私はあえて「パフォーマンス」および「コンピテンシー」を厳密に定義することを避けたうえで執筆をお願いした。しかし結果的に、執筆者は次の四点においてほぼ共通していた。

①「（誰にでも）見える能力」を「パフォーマンス」、「見えない能力」あるいは「見えにくい能力」を「コンピテンシー」として捉えていること

②「パフォーマンス」は「コンピテンシー」から大きな影響を受けている、と認識していること

③「コンピテンシー」に関する議論では、文脈や状況を考慮することが重要であると考えていること

④教育現場においては、「パフォーマンス」だけではなく「コンピテンシー」にも着目した指導が重要であると考えていること

しかし、さらに詳しく検討することにより、「コンピテンシー評価」は三つのタイプに分類されることが明らかになる。次に、「コンピテンシー評価」の三タイプを示す。

第１節　教育現場における三タイプの「コンピテンシー評価」

まず「タイプⅠ」として、評価対象を「コンピテンシー」としたうえで「客観的で厳格な評価」を行おうとするタイプがある（図９・１）。典型的には、本書の第7章で紹介した「国際的学習到達度調査（PISA）」や「アルバーノ・カレッジ」における評価があてはまる。

「タイプⅠ」の背景として、もともと教育現場では学習者の「パフォーマンス」を客観的・分析

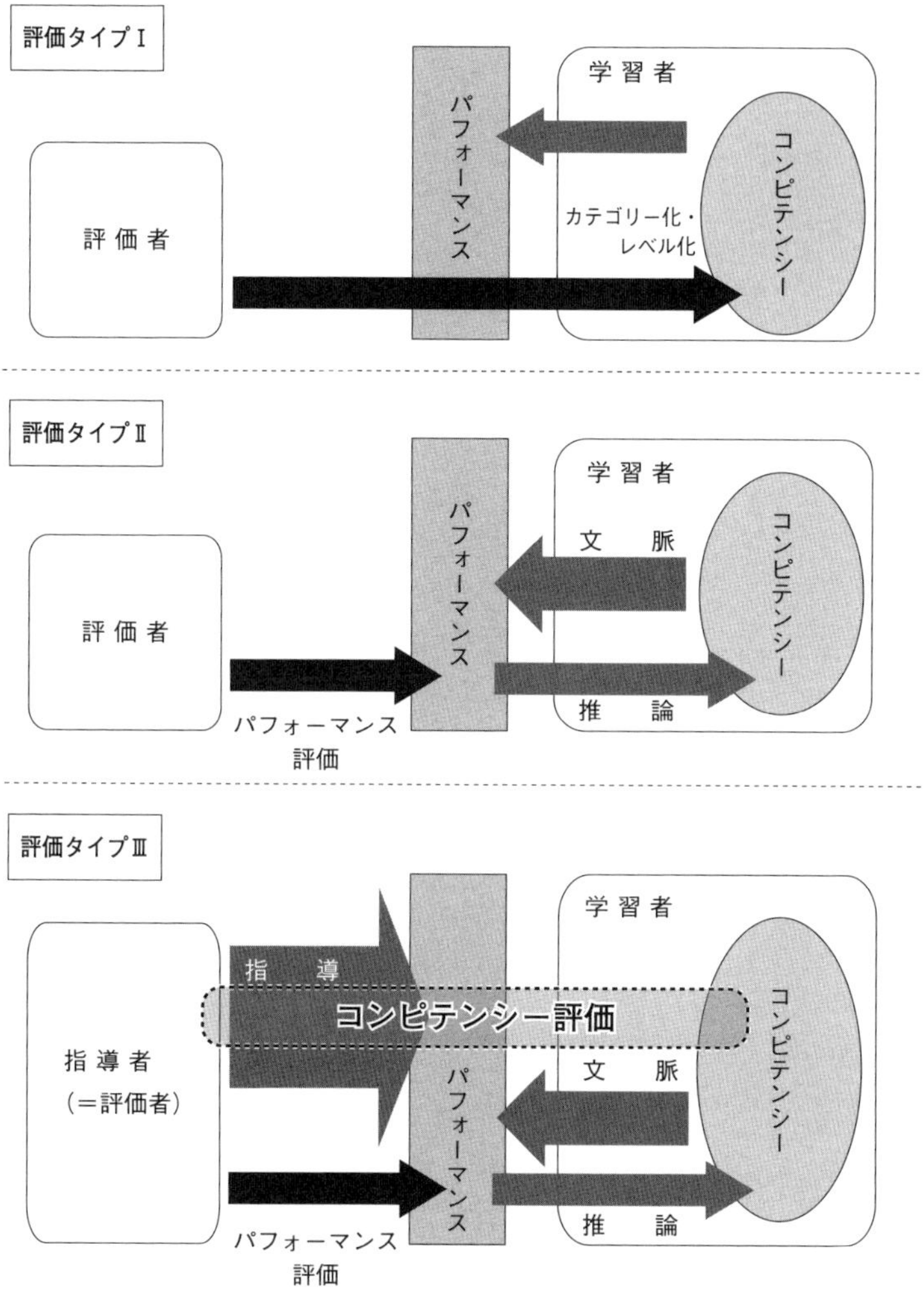

図9・1　教育現場における評価の３タイプ

的に評価することが一般的であったことが考えられる。つまり、「パフォーマンス」に対する「客観的で厳格な評価」と全く同様に「コンピテンシー」に対する評価も客観的かつ厳格に行おうとするのが「タイプⅠ」である。加えてその背景には、経営学やビジネス領域で行われている「経済原理」を重視した「コンピテンシー評価」の影響も少なからずあると思われる。

次に「タイプⅡ」は、松下が「パフォーマンス評価」の説明のなかで示している評価である（松下二〇一〇）。松下は、「行為の現れ」がパフォーマンスであり「行為の可能性」がコンピテンシーにあたるとしたうえで、コンピテンシーとはその人がさまざまな状況のもとで発揮することが可能な能力であるとする。(1) パフォーマンスは観察可能だがコンピテンシーは観察不可能であり、コンピテンシーはパフォーマンスの観察から得られる証拠資料（evidence）に基づいて推論されるのみである。

さらに松下は、「パフォーマンス評価では、パフォーマンスからコンピテンシーを推論すること以上に、コンピテンシーをパフォーマンスとして現出させ、そのパフォーマンスを直接的に評価することに重きがおかれている」とし、パフォーマンス評価では具体的な個人における「文脈性」が不可欠の特徴であるとする（松下二〇一〇）。そのうえで「コンピテンシーはある文脈のなかでパフォーマンスとして現出する。言い換えれば、文脈は、コンピテンシーをパフォーマンスへと「可視化」させる働きをする。一方、パフォーマンスは文脈のなかではじめてコンピテンシーの現れとして「解釈」される」とする（松下二〇一〇）。

例えば、第1章（植木）で示された熟年教師が語る児童の「コンピテンシー」は、彼ら（彼女ら）

が長年教育現場で子どもたちと接してきたという経験を蓄積することによってはじめて身についた「パフォーマンスからコンピテンシーを推論する能力」である。少し長くなるが、第1章から引用する。

児童の主体性の乏しさを気にかけていたB先生は、児童が「絵を描くことがすごく好きだった」と語り、児童の様子を観察することで、描くという好きな行為（パフォーマンス）に児童の自律的・主体的に行動する力である「見えない能力」が発揮されていることをみとっている。この児童の場合、主体性は学習場面や学級活動の文脈では現われないが、絵を描くという文脈のなかに現われていることが理解できる。

このように、B先生は主体性という「見えない能力」を複数の文脈のなかで評価していることがわかる。残念ながら、児童の主体性を多様な文脈のなかで表出されるように育てることは、当時、若手から中堅への移行期にあったB先生には難しく、「まだ若かったせいもあって」、「望ましいかたちにはできなかった」と後悔の気持ちをもって語られている。

熟年教師は、長年教育現場で子どもたちと接する経験を蓄積することにより「子どものコンピテンシーをパフォーマンスとして出現させることが可能になる」のかもしれない。第2章（大西）で

（1）松下は「コンピテンス」と表現しているが、その意味は同じであると判断しここでは「コンピテンシー」と記す。

示された聾学校の教育においても、聴覚に障がいのある子どもたちにとっては「見えない能力」である「聞こえるという感覚」や「聴覚意外の複数の手がかりから音声を把握するという言語力や思考力に支えられた考える力」を育成することによって、「見える能力」としての「日本語の習得（話し言葉や書き言葉）」を目指しているのである。

また、第3章においても、中島は「授業力コンピテンシー」に対するICT活用による評価を試みている。中島は、教師の「授業力コンピテンシー」の具体的な例として、教師が「学習者の顔色を見て、学習者の理解度や気分などの状況を把握する能力」、あるいは「体調が悪くてもパフォーマンスを下げずに授業を行ったりする能力」とし「これは直接評価することができない」とする。しかし、ICTを活用することにより一定期間「授業力パフォーマンス」の評価を継続的に行い、そのパフォーマンスの高さと一貫性を評価することによって「授業力コンピテンシー」は評価可能であることを提案している。

第2節　「評価者＝指導者」による「コンピテンシー評価」

教育現場における教師は、「評価者」であると同時に「指導者」である。このことを前提とすれば、教育現場における「コンピテンシー評価」は図9・1に示した「タイプⅢ」のようになる。教育現場では「タイプⅡ」の評価に加え、「指導」という行為のなかで常に行われている「タイプⅢ」の評価が存在している。特に第8章（渡部）で示したように、個人を対象とした指導場面では、このようなタイプの評価が非常に重要な役割を担うことになる。

この「タイプⅢ」の評価について、その特徴を少し丁寧に検討していく。

◉「指導」のなかの評価は、必然的に「主観」を基にした評価になる

教育現場における「指導」のなかで教師が行う評価は、教師の「主観」が大きく影響することになる。ここでいう「主観」とは例えば、テストの成績はそれほどよいわけでもないのに「この子はとても頭がよい」と判断したり、現時点での成績は低いレベルにあっても「この子はとても伸びそうだ」と感じるというようなものだろう。それは、決して客観的な証拠があるわけでもなく単なる「主観」なのだが、熟年教師の判断に基づいたものならば「正しい評価」である可能性も高い。

例えば第8章において、「指書」が出現した自閉症児・晋平に対し「指書を筆談に発展させるための指導」を見送ったのも「無理にそのような指導を行えば晋平の発達を阻害するかも知れない」という母親と指導者の直観に基づいたものであり、決して客観的な根拠があったわけではない。

◉「コンピテンシー評価」とは「学習者が持っている能力」に対する単純な評価ではなく、指導者と学習者の関係性から大きな影響を受ける評価である

教育現場における「評価」は教師が「指導」のなかで行っていることを前提とすれば、その評価には教師の「主観」が入らざるをえない。そして結果的に、その評価は「学習者がもっている能力に対する評価」にとどまることなく、「指導者と学習者の関係性」が大きく影響する評価にならざ

るをえない。つまり、評価者は学習者を評価していると同時に「自分自身が行っている指導により、今後変化するだろう学習者の能力」をも予測して評価していることになる。

例えば第4章において佐藤は、師匠が弟子に対し「今は全然ダメだけど、将来あいつはきっと大成する」と評価するような場合があることを示している。さらに、「不器用で飲み込みが悪いと思っている者ほど大成することが少なくない」ことを挙げている。この時師匠は、これから自分自身が弟子に対して行おうとしている教育を考え、そのなかでの関係性やその影響力を判断したうえで弟子を評価しているのである。

◉指導者と学習者の「距離」が「コンピテンシー評価」の正当性に大きく影響する

「指導者と学習者の関係性」がその「評価」に大きく影響する。このことを言い換えれば、指導者と学習者の「距離」が「コンピテンシー評価」の正当性に大きく影響するということになる。つまり、「個別指導」と「大教室での指導」では当然、指導者と学習者の「距離」は変わってくる。また、「毎日行われる指導」と「週一回の指導」でも指導者と学習者の「距離」は変わってくる。指導者と学習者の「距離」が近いほど、「コンピテンシー評価」の正当性は増してくる。

例えば第6章で行われた高橋と渡部の対談のなかでも、「内弟子」が話題になっている。伝統芸能の世界では師匠が弟子を家に住まわせ、食事の世話や掃除などの手伝いをさせながら芸を学ばせる。指導者と学習者の「距離」という意味では、世襲制における後継者が最も近い距離にいるが、血のつながらない後継者としては「内弟子」が師匠と最も近い距離にある。そして、ここで「学ぶ」

ことができるのは単なる知識や技術だけではなく、その芸の世界観や価値観にまで及ぶ。また、その「学び」は「しみ込み型の学び」によってもたらされることになる（渡部 二〇一五）。

◉「コンピテンシー評価」は、「やわらかな評価」が前提になる

以上のような特徴をもつ「コンピテンシー評価」は、必然的に「客観的で厳格な評価」であることは不可能である。それは「あいまいな評価」にならざるをえない。しかし、そもそも評価者にとって「見えない能力」あるいは「見えにくい能力」の評価であることを考慮すれば、逆にその事実を積極的に受け入れ「教育」のなかで有効に活用することを考えたい。そのような意味で私は、「コンピテンシー評価」を「あいまいな評価」と捉えることはせず、「やわらかな評価」と考え積極的に活用することをこれまで提案してきた（渡部 二〇一五）。

「やわらかな評価」は、すでに第7章において示したように、日本伝統芸能のなかでは長い間にわたり有効に機能してきた。日本伝統芸能の師匠は、具体的に「何々を学んだ」とか「何々ができるようになった」という評価よりも、その芸能が本質的にもっている「世界観」や「価値観」に対して学習者自身が「どれだけ馴染めるようになったか」ということを評価する。「馴染めるようになる」ということは、その世界においてどのような状況においても「何とかうまくこなすことができる」という能力が身についたことを意味する。師匠は、そのような能力を重視することにより学習者を評価している。

◉「やわらかな評価」は、「指導者の想定を超えた学びに対する評価」を可能にする

このような「やわらかな評価」は、「指導者の想定を超えた学びに対する評価」を可能にすると いう大きな特徴をもつことになる。つまり、学習者の「学び」に対する枠組みや方向性が指導者と 多少異なっていても、それを否定したりつぶしたりはしない。このことは、学習者の「主体的な学 び」を生み出すうえで非常に重要である、と私は考えている。そして、「指導者が教えようと意図 していないにもかかわらず学習者自身において発生する気づきや理解」が生まれるのである。

指導者の「やわらかな評価」は、学習者に「学んだ結果を自らふりかえる余地」を残すことにも なる。そして、この状況が学習者の「主体的な学び」にもつながっていく。さらに、学習者に「指 導者の想定を超えた学び」をもたらす。逆に、指導者があまり「きちんと評価」してしまうと、優 秀な学習者ほどその評価基準に沿った学習をしてしまう。

例えば第4章において佐藤は、菊池（二〇〇八）が「なぜできないんだろう」、「なぜああするん だろう」といつも自問し、答えを求め続けることが弟子にとって重要であると述べていることに着 目している。「どこがダメなのだろう」、「何でよいのだろう」、「どういう意味だろうか」という弟 子に湧き上がるこれらの自問は、「よい師匠」の存在があってはじめて実現するという。そして、 弟子は自問自答を繰り返しながら模倣を続けていくうちに、自問自答に質の変化が起こる。まず、 師匠の視点（客観的な視点）で自分をみるようになる。さらに「これ弾いたら（師匠は）どう言わはる やろ」という発言に象徴されるような「主体的な挑戦」すら出現するようになるのである。

以上のように、「主体的に考える力」を育成するためには、そして「どんな環境においても〈答

えのない問題〉に最善解を導くことができる能力」を育成するためには、「指導者にとって想定外の学び」こそ本来は尊重されるべきであり、また「失敗すること」は「次の段階への大きな一歩」を意味するのである。

◉「許状」としての評価は学習者に対する「学習の予測」であり、必然的に指導者としての自分自身の指導に対する評価も含むことになる

「やわらかな評価」の一つとして、日本には古くから「許状」としての評価がある。この「評価」では、その目的は現在もっている能力の程度を明らかにすることではなく、「今後彼は（彼女は）どのような能力を身につけることができるのか」という将来の予測になる。そこには「指導者として私は彼に（彼女に）どのような指導を行い、その指導は彼の（彼女の）学習をどれほど進めることができるのか」という指導計画にも大きく関与することになる。

例えば、本来「大学入試」は「評価者＝指導者」が実施する「許状」としての評価である。しかし、「大学入試」に関して、この視点から議論されることはあまりないように思われる。しかし、本来「大学入試」は、「この受験生はうちの大学で学習可能か否か」を確認するために行われるべきなのである。

◉グローバル時代の教育現場では、「多様な価値観」を受け入れることが可能な評価を行わなければならない

現在、日本国内の「経済成長」だけを考えていればよい時代は終わった。経済活動のグローバル化はもうすでに当たり前になり、そこでは「多様な価値観」をも受け入れられなければ「上手くやっていく」ことは不可能である。このことは経済活動に限ったことではなく、グローバル社会では単純に「自分の価値観」だけを優先していたのでは「豊かな生活」を送ることはできない。

これを前提として「コンピテンシー評価」を検討した時、まず私たちは「多様な価値観」を受け入れることが可能な評価を前提としなければならない。そして、この視点からも「やわらかな評価」の重要性が検討されるべきである。

本書において、第4章（佐藤）では日本の伝統芸能について、第5章（高橋）と第6章（対談）では西洋音楽について、特にその「評価」という視点から着目した。私は当初、「日本と西洋では何か本質的な違いがあるのかも知れない」と考えていた。しかし、高橋が指摘するように今回対象とした西洋音楽は「日本で行われている西洋音楽」であるということもあり、両者の間に本質的な違いを見い出すことはできなかった。しかし冷静になって考えてみれば、グローバル社会とは「地域に固有の文化」はもちろんのこと、加えて「異なった文化が複雑に絡み合って存在する新しい文化」が共存していることがその本質なのかもしれない。

◉これからの「成熟社会」では、「コンピテンシー評価」が重要になる

現在、日本をはじめ世界の先進国の多くは「成熟社会」に入り、これまでのように単純に「経済成長」やそれに伴う「社会の発展」だけを考えていればよい時代は終わった。

少子高齢化を特徴とする成熟社会は、「生涯にわたって学びが続く時代」になる。「教育」は、学校教育に加え「暮らしのなかの学び」や「日々の学び」をも豊かにしていくという役割を担うことになる。そして、そのような時代では、「評価」に関する考え方も大きく変わっていくだろう。「どれほど知識をもっているか」や「何ができるか」よりも、「充実した日々を送っているか」や「人生の豊かさ」が評価されるようになるかもしれない。

そのような評価では、「パフォーマンス」よりも「コンピテンシー」に対する評価が重要になるだろう。例えば、高齢になると「パフォーマンス」は低下するけれど「コンピテンシー」があがるということに着目されるような評価となるかもしれない。

成熟社会こそ、「コンピテンシー」が問われる時代になるだろう。

◉最後に

経営学やビジネス領域における「コンピテンシー」や「コンピテンシー評価」に関する議論は一時大きな盛り上がりをみせたものの、その後は消極的な意見が次々に出され、現在では否定的な意見も多数出されている（リクルートワークス研究所二〇〇三、二〇一五）。しかしながら私は、経営学やビジネス領域ではそれほど積極的に受け入れられたわけではない「コンピテンシー」という概念で

あっても、教育現場においては今後、非常に重要な概念として議論されることになるだろうと考えている。

確かに「コンピテンシー」は、非常にあいまいな概念である。そして、「コンピテンシー評価」は、そのあいまいなものを評価しようとするという意味において、さまざまな議論を呼び起こすことになるだろう。しかし、そのことにより結果的に、これまでは「見えない」あるいは「見えにくい」という理由により無視されるか、あるいは評価することをあきらめざるをえなかった人間の「能力」に対して、教育現場から検討し直すという挑戦のきっかけとなるだろう。

そして、「コンピテンシー評価」に対する丁寧な検討が、新しい時代の教育現場を変えていくのかもしれない。

【文　献】

菊池恭二（二〇〇八）『宮大工の人育て――木も人も「癖」があるから面白い』祥伝社
松下佳代（二〇一〇）「学びの評価」渡部信一［編］『「学び」の認知科学事典』大修館書店、四四二―四五八
リクルートワークス研究所（二〇〇三）『Ｗｏｒｋｓ』五七、リクルート
リクルートワークス研究所（二〇一五）『Ｗｏｒｋｓ』一二九、リクルート
渡部信一（二〇一五）『成熟社会の大学教育』ナカニシヤ出版

あとがき

日本の戦後において、これほどまでに「教育」に関する議論が盛り上がったことがあっただろうか。マスコミでは毎日のように「教育改革」に関する記事が報道され、私のところにも「教育改革」に関する研究会やシンポジウム、研修会やワークショップなど開催のお知らせメールが頻繁に届く。義務教育に関する議論はもちろんのこと、これまでほとんど議論の対象とはならなかった高等教育に関する議論も盛んに行われている。

その背景に、「少子化」があることは間違いない。教育現場では、一人ひとりの子ども（学習者）に対する関心が深まっている。学習者の「主体的な学び」を大切にしよう。そのために「アクティブラーニング」など授業を工夫して行おう。また、ＩＣＴを最大に活用した「反転授業」を推進していこうなど、さまざまな工夫や努力によって、今まで以上に効果的、効率的な「教育」を目指そうという気運が盛り上がっている。

このような大きな潮流のなかに「評価」に関する議論もある。何とかしてもっと客観的に、そしてもっと厳格に学習者を評価することはできないか？　そのために、何とかして学習者のもっと深いところで起こっている「学び」について評価できないか？

そして、その議論の中心にあるのが「コンピテンシー評価」である。

しかしながら、私にはどうしてもこれらの教育改革に関する議論が、表面的なレベルにとどまっているように思えて仕方がない。そして、次のように考えてしまう。

新しい時代の「教育」に対して、そして新しい時代の「学びの評価」に対して、もっと根本的、もっと本質的な議論が必要なのではないか？

本書がどれだけ「根本的、そして本質的な議論」にまで踏み込むことができたのかはわからない。しかし、本書で行った「未だ荒削りな議論」を今後、さらに検討し続けていかなければならないことだけは間違いない。

＊　＊　＊

本書の出版は、私の拙著『日本の「学び」と大学教育』および『成熟社会の大学教育』を読んでくださった大学院生や大学院の修了生が、日常の会話やゼミにおける発言のなかで「コンピテンシー（コンピテンス）」という用語を盛んに使っていることに私が気づき、「それでは大学院生や修了生と一緒に一冊の本を書いてみよう」と思いついたことに端を発している。執筆者の皆さんは現在、研究者であると同時に「現場の教師」という立場にある。大変な多忙ななか、本書が完成したのは彼らの努力と情熱のたまものであると大変感謝している。また、いつも私の原稿を丁寧に読んでくださり、適切な校正・編集をしてくださるナカニシヤ出版の宍倉由高さんと米谷龍幸さんに感謝いたします。

二〇一六年十二月二日　渡部信一

人名索引

事項索引

中島　平
東北大学大学院 教育情報学研究部 准教授
1999 年 東北大学大学院 情報科学研究科で博士（情報科学）を取得。
ICT を利用して「学び」を支援し促進させるための研究をしている。例えば，学びの場を記録するときに単に映像の記録だけでなく，場に参加している人たちの「気づき」や「思い」を加えることで，その「学び」の振りかえりをより簡単で有意義なものにするシステムの研究をしている。
担当：第 3 章

佐藤克美
東北大学大学院 教育情報学研究部 准教授
東北大学大学院 教育情報学教育部博士後期課程修了
2011 年 東北大学大学院 教育情報学教育部で博士（教育情報学）を取得。
さまざまな教育の現場，学びの現場でのICT 活用について研究している。これまで，モーションキャプチャやCG アニメーションを用いて舞踊の学習支援などの研究を行ってきた。また，最近はICT を用いて郷土芸能の継承を支援できないか試みている。
担当：第 4 章

高橋信雄
東北文化学園大学 医療福祉学部　准教授
東北大学大学院 教育学研究科博士後期課程修了
2016 年 東北大学大学院　教育情報学教育部で博士（教育情報学）を取得。
国立病院機構宮城病院リハビリテーション科に 23 年間言語聴覚士として勤務し，2013 年に東北文化学園大学に赴任した。言語聴覚士養成にかかわるようになって現在 4 年目で，未だ修行中である。東北大学交響楽団の指導に長年かかわり，自己研鑽を積みながら活動を支援してきた。
担当：第 5・6 章

執筆者紹介（* は編者）

渡部信一*
東北大学大学院 教育情報学研究部 教授
東北大学大学院 教育学研究科博士課程前期修了。
1992 年 東北大学大学院 教育学研究科で博士（教育学）を取得。
認知科学という立場から，人類の「知」のあり方や人間の「学び」のメカニズムについて研究している。自閉症児に対する教育，伝統芸能における継承（教育），ミュージカル俳優の養成教育，そしてe ラーニングやICT を活用した教育など，様々な教育現場における「学び」について検討している。
主な著書に，『成熟社会の大学教育』（ナカニシヤ出版），『日本の「学び」と大学教育』（ナカニシヤ出版），『ロボット化する子どもたち―「学び」の認知科学』（大修館書店），『超デジタル時代の「学び」―よいかげんな知の復権をめざして』（新曜社），編著書に『「学び」の認知科学事典』（大修館書店）などがある。
ホームページ　http://www.ei.tohoku.ac.jp/watabe/
担当：はじめに，第 6・7・8 章，終章，おわりに

植木克美
北海道教育大学大学院 教育学研究科学校臨床心理専攻 教授
北海道教育大学大学院 教育学研究科修士課程修了
2008 年 東北大学大学院 教育情報学教育部で博士（教育情報学）を取得。
子どもの発達支援を軸に据え，教師・保育士，保護者への支援をテーマにして，地域臨床心理実践，高等教育における実践をフィールドとした研究に携わっている。特に，実践の「ふりかえり」支援を行うのに有効なICT 活用の検討を臨床発達心理学，特別支援教育，情報学の複合的視野から進めている。
担当：第 1 章

大西孝志
東北福祉大学 教育学部 教授
東京学芸大学 教育学部卒業
東北大学大学院 教育情報学教育部博士後期課程在学中
28 年間の教育現場での経験（聾学校，特殊教育センター，教育委員会，文部科学省）をもとに，特別支援学校の教員養成に携わっている。聴覚障害児が読み書きの力を身につけていく過程及びその指導にかかわる教師に求められる専門性について研究している。
担当：第 2 章

教育現場の「コンピテンシー評価」

「見えない能力」の評価を考える

2017年2月28日　初版第一刷発行　（定価はカヴァーに表示してあります）
2019年7月28日　初版第二刷発行

編　者　渡部信一
発行者　中西健夫
発行所　株式会社ナカニシヤ出版
〒606-8161　京都市左京区一乗寺木ノ本町15番地
Telephone　075-723-0111
Facsimile　075-723-0095
Website　http://www.nakanishiya.co.jp/
E-mail　iihon-ippai@nakanishiya.co.jp
郵便振替　01030-0-13128

装幀＝白沢　正／印刷・製本＝ファインワークス

ISBN978-4-7795-1139-4